La Famiglia del **Prete**

La Famiglia del *Prete*

The Family of the Priest

DOMENIC MEFFE

I nomi e le date si basano sulle informazioni più attendibili a disposizione raccolte all'epoca delle interviste dei parenti nell'arco di molti anni.

Copyright © 2014 di Domenic Meffe. Tutti i diritti riservati.

ISBN 978-0-9937345-1-9

www.domenicmeffe.com

email: info@domenicmeffe.com

Testo di Bernadette Hardaker, LifeStories, lifestories.ca

Traduzione di Alberto Diamante

Book design e composizione tipografica di Daniel Crack, Kinetics Design: kdbooks.ca

Illustrazioni di Melodie Papp, melodiepapp.com

*Per la mia famiglia ed i miei amici,
affinché capiscano da dove vengo.*

Sommario

Origini   1

La Stirpe Meffe   13

Cos'è un Nome?   15

Madonna   21

Un Dono Speciale   37

Tragedia   61

Una Nuova Vita   69

Dalla Gioia alla Rabbia   85

Ed Ora   99

Ringraziamenti   107

Torella del Sannio

CAPITOLO PRIMO

Origini

Sentii il fruscìo del vento attraversare gli uliveti.
In bocca avevo il sapore della polvere del ciglio della strada.
In lontananza vedevamo le tre torri che facevano da
guardia al castello medievale che dà il nome ai due colli.

Molise, Italia

M IO nonno non mi disse mai se il nostro antenato, il prete, uccise davvero la propria moglie tanto tempo fa. Ogni giorno, lui ed io passeggiavamo con i nostri cani lungo la 'costa', un pascolo pubblico vicino casa. Badavamo le 60 pecore e capre che appartenevano a mio padre ed a zio Giuseppe, ed ogni giorno mio nonno mi raccontava stralci di storie della nostra famiglia. Camminavamo dall'alba al tramonto, mano nella mano, l'anziano Domenicantonio ed il giovane Domenic, fermandoci per mangiare una crosta di pane, un pezzo di formaggio e bevendo un sorso di vino a mezzogiorno, tornando a casa solo quando mia madre ci chiamava ad alta voce a cena.

A sette anni, le mie passeggiate con il nonno lasciarono spazio alla scuola ed alla noia dello stare seduto per ore dietro un banco, aspettando di essere liberato per poter sgomitare e scalciare un pallone con gli altri bambini.

La Famiglia del Prete

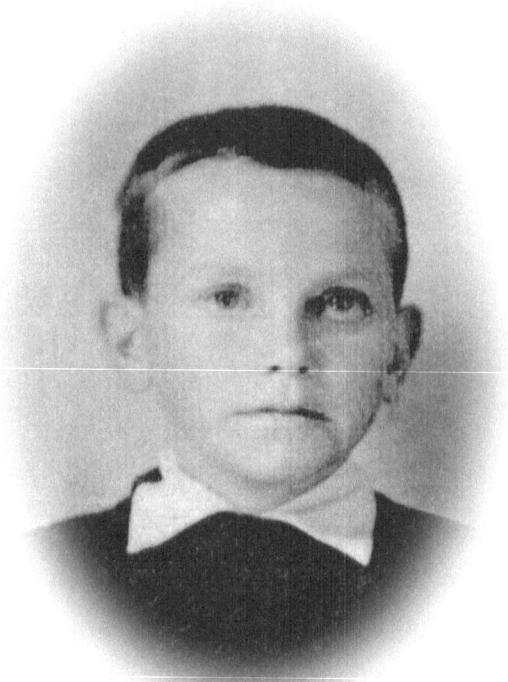

*Il bambino che ascoltava i racconti
del nonno: Domenic ad otto anni.*

A nove anni, mio padre partì per il Canada, in cerca di fortuna come tanti uomini del paese: un nuovo inizio in un nuovo mondo. Dopo la Seconda Guerra Mondiale, l'economia italiana era in rovina. Nella nostra regione poco industrializzata non c'erano posti di lavoro e, così pareva, non c'era futuro. Mio padre voleva molto di più per noi di quanto la nostra piccola fattoria non potesse offrire – rimanevano solo 10 ettari della nostra tenuta, una tenuta che anticamente fu di proprietà dei miei antenati – oramai ripartita fra così tanti eredi nel corso delle generazioni che la mia famiglia tirava avanti a stento. Non avevamo elettricità o acqua corrente e il cibo scarseggiava. A volte a cena mangiavamo solo insalata di cipolla e cicoria.

A nove anni, non più bambino, presi posto a fianco di mia madre e mio fratello maggiore Francesco lavorando nei campi. Quando mia madre andava a vendere formaggio, polli o vitelli, la accompagnavo, imparando rapidamente l'arte raffinata del mercanteggiare. Il pomeriggio, quando finiva la scuola, correvo nei campi per strappare le erbacce, zappare o raccogliere i nostri prodotti; insomma, qualsiasi lavoro mi spettasse. Poi la sera davo da mangiare agli animali, pulivo il letame, e mettevo del fieno fresco ai piedi delle bestie. Mi cacciavo sempre nei guai a scuola, perché non trovavo mai il tempo per fare i compiti. Vagando per le colline con le capre, pensavo spesso a questo paese, il Canada, così lontano che sembrava la luna, e mi domandavo preoccupato, *Avrei mai rivisto mio padre?*

In seguito alla partenza di papà, d'estate, il nonno si ammalò. Piangeva spesso, lamentandosi dicendo "Non rivedrò mai più mio figlio!" Smise di fare le sue consuete lunghe passeggiate. Quando veniva a tavola, rimestava la zuppa ed ignorava il buon vino di mio zio. Cercavamo tutti di parlargli: io ero emozionato per i nuovi agnelli che stavano per nascere; mio fratello maggiore gli chiedeva quali semi comprare, quando piantarli, quali alberi tagliare – argomenti di cui il nonno aveva sempre amato parlare. La mamma ci comunicava i timori della gente che incontrava nei campi, tutti preoccupati per il nonno. Ogni volta che arrivava una lettera di papà, mia madre gli leggeva le parti divertenti. Come quando scriveva che c'erano più macchine a Toronto che patate in Molise! (All'epoca c'erano solo un paio di macchine a Torella). Perfino i suoi denti, quei pochi che rimanevano (portava la dentiera da anni) erano un popolare argomento di conversazione. A Toronto, mia sorella era solita preparargli bistecche per la cena. Lui diceva: "Quando ero giovane i miei denti erano buoni ma non avevamo carne. Adesso la carne c'è ma non ho i denti per masticarla!" Anche il pane canadese era un problema – così appiccicoso che si attaccava alle dentiere. Se provava ad intingerlo nel vino, s'incollava al bicchiere!

Tuttavia, i nostri tentativi furono vani. La persona che si sedeva zitta, con il capo chino, in silenzio, andava sempre più indebolendosi, ed in poco tempo il nonno smise perfino di alzarsi dal letto. Cercammo di metterlo a suo agio, ma era esausto ed apatico, come se fosse stanco di vivere.

La Famiglia del Prete

Verso la fine dell'inverno seguente, solo quattordici mesi dopo la partenza di mio padre, mio nonno morì e, quasi undicenne, imparai che non ci sono abbastanza lacrime per piangere una persona così speciale. Lo sognavo tutti i giorni, e lo faccio ancora. Mio nonno sapeva a malapena leggere e scrivere, ma possedeva grande saggezza e talvolta, durante i miei incontri con banchieri ed avvocati, scopro che le parole che mi escono di bocca sono le sue.

Nel 1965, il resto della famiglia si unì a mio padre Giustino a Toronto e le storie di mio nonno mi rimasero in mente mentre la mia famiglia si adattava alla nuova vita inseguendo il nostro sogno canadese.

Eravamo in sei a condividere uno scantinato. Provai a frequentare la scuola per un po', ma era troppo difficile. Quando imparai quel tanto d'inglese che mi bastava per capire gli scherni dei miei compagni, mi ribellai. Le suore mi prendevano regolarmente a cinghiate, ma le mie mani erano talmente incallite dal lavoro che non piansi mai. Facevo sempre almeno due lavori, spalavo i vialetti delle case dei vicini oppure vendevo ritratti matrimoniali dopo avere trascorso una lunga giornata in fabbrica. Volevo fare soldi, ma volevo anche andare in centro città e divertirmi. Rincasavo alle tre di notte e mi alzavo nuovamente alle sei. Avevo le scarpe ai piedi 18 ore al giorno e, una volta, i miei piedi erano così gonfi e pieni di vesciche che non potevo nemmeno camminare.

Era così facile farsi trasportare dalla nostra seconda vita in Canada e dimenticare tutto quello che c'eravamo lasciati alle spalle. A 19 anni, sposai una ragazza di Torella. A 20 anni, comprai il mio primo ristorante. A 34 anni, costruii il mio primo albergo. All'epoca avevo così poco tempo per realizzare i miei obiettivi. Eppure in quei momenti tranquilli, dopo che i parenti uscivano il sabato sera, quella grande nostalgia per la mia terra natale era così forte che mi sentivo male. Non potevamo negare il nostro retaggio e, ad un certo punto, il Molise mi attirava come la polvere di metallo ad una calamita.

E così, nel 1982, mia moglie Carmela ed io, insieme ai nostri due figli (il terzo non era ancora nato), volammo alla volta di Roma. Fummo salutati ed abbracciati calorosamente da mio cugino, Domenicantonio, e dalla moglie. Le parole sgorgarono così velocemente che riuscivamo a malapena a respirare nel raccontare quasi vent'anni di eventi in quei pochi momenti trascorsi sul suolo italiano. I bambini rimasero indietro timidamente, fino a quando non furono avvolti in un turbinio di pizzicotti ed abbracci di parenti che non avevano mai visto prima. In qualche modo, riuscimmo ad entrare tutti nella macchina di mio cugino – mi ero dimenticato quanto piccole erano le macchine italiane! Poi, mentre la fatica del viaggio mi logorava la testa, i bambini si addormentavano al mormorìo delle donne che menzionavano la lunga lista di nascite, morti e matrimoni.

Al ritorno, percorremmo una strada lunga e stretta che si snodava fra le montagne. Fissando lo sguardo sull'aspra campagna molisana, sentii il fruscìo del vento attraversare gli uliveti e far ondeggiare i campi di grano dorato. In bocca avevo il sapore della polvere del ciglio della strada. In lontananza vedevamo le tre torri che facevano da guardia al castello medievale che dà il nome ai due colli. Ancora una volta, respirai l'aria della mia terra natìa, il mio sangue si ossigenava con il respiro della terra che aveva dato i natali a me ed ai miei antenati nel corso dei secoli. Tremavo di gioia ed anticipazione.

Improvvisamente, mio cugino accostò ed annunciò con un gesto della mano, "Ecco Torella!". Eravamo vicino a Frosolone, un paese di montagna. A circa 15 chilometri dalla destinazione, avvolte da una leggera coltre di nebbia, intravvedemmo le tre torri che facevano da guardia al castello medievale che dà il nome al paese e, a fianco del castello, la chiesa di San Nicola con il suo grande campanile. Quella campana era il centro della nostra vita. Non solo ci chiamava a pregare, ma ci avvertiva dei pericoli, annunciava le celebrazioni e le tragedie, e contava le ore con la certezza del sorgere e del tramontare del sole. Poi, serpeggiando attorno alle colline, vedemmo grappoli di case dalle spesse pareti sbiancate dai secoli; i loro tetti a mattonelle grigie spezzavano l'omogenia della pietra scolpita a mano. Infine, là dove la pietra incontrava il suolo, i campi a macchie verdi e gialle erano proprio come li ricordavo. Avevo il cuore in gola e le lacrime agli occhi. Era là, Torella del Sannio. Così tranquilla. Così bella. Casa mia.

Quando ero bambino, negli anni cinquanta, prima che tutti partissero in cerca di nuove opportunità in Argentina, Canada e Stati Uniti, c'erano quasi 3.000 torellesi. Oggi ne sono rimasti 800, tutti discendenti delle 360 famiglie della zona. Non era così nel tardo settecento, quando la vita di paese si concentrava sulle fortune di poche famiglie. Ed era questa la vita che volevo esplorare con i miei parenti italiani, ricordare le storie di mio nonno e mettere fine a certi dubbi insistenti riguardo la nostra famiglia.

Non appena scesi dalla macchina a Torella e misi il piede a terra, fui assalito da un'energia primordiale e ciò che un tempo mi pareva meramente ordinario improvvisamente diventò splendido. Quali segreti si nascondevano dietro queste mura eterne e questi vicoli angusti? *Quali storie avrebbe potuto raccontare questa terra?* Mi sentivo intensamente felice, ma al tempo stesso, pieno di rimorsi. Non avrei mai pensato di tornare e invece ero proprio lì! Eppure avevo dimenticato le storie di mio nonno, avevo abbandonato il mio passato, e non avevo fatto niente per proteggere e salvaguardare la nostra storia per le generazioni future. I miei figli sapevano così poco del loro retaggio.

Quella notte dormimmo nella casa di mio nonno, una casa vecchia di 200 anni. Alle sei del mattino, mentre gli altri ancora dormivano, mi alzai, incontrai mio zio e percorremmo lo stesso sentiero che ero solito prendere con mio nonno, tanti anni prima. Lo zio mi raccontò storie così come le conosceva e lentamente cominciai a ricordare anch'io. Affiorarono ricordi che echeggiavano profondamente in un luogo dimenticato del mio cuore.

I miei genitori mi avevano raccontato delle cose quando ero piccolo, ma quale bambino ascolta veramente le storie di un genitore? Quando un nonno ti prende con calma per mano e parla, assorbi completamente le sue parole ed il messaggio ti arriva dritto al cuore.

La nostra storia si incentra su un Domenicantonio Meffe precedente, un mio diretto antenato, ovvero il mio quadrisavo. Era un uomo astuto e molto amato;

un figlio unico che diventò un giovanotto molto ambizioso. Pochi mesi dopo che il pollice di un vescovo gli tracciò una croce sulla fronte, le labbra ed il cuore con l'olio sacro e prima di pronunciare il voto finale per diventare prete romano cattolico, rinunciò alla sua vocazione. Invece, si sposò, ebbe figli, e divenne padrone della tenuta di famiglia. A detta di tutti, ebbe un grande successo. Eppure, nonostante i traguardi raggiunti, quando morì era un uomo vecchio, confuso, con il cuore infranto, convinto di avere fatalmente trafitto la sua amata moglie Teresa.

Un'autopsia non fu mai eseguita, non vi furono condanne per omicidio e non furono nemmeno mosse alcune accuse contro di lui. All'epoca i delitti d'onore erano un fatto taciuto al fine di proteggere l'ordine sociale. L'onore, come legittima difesa, fu cancellato dalle leggi italiane poco più di 30 anni fa.

L'omicidio non è nulla di cui vantarsi, e probabilmente è proprio per questo che nessun altro ha mai documentato la nostra storia. Eppure era importante per me capire le circostanze del gesto del mio antenato. In ultima analisi, quanto della nostra storia sia un fatto acclarato e quanto sia mera congettura è difficile stabilirlo. Il mio scopo è quello di presentare i fatti come li ho raccolti e lasciare che siano gli altri a decidere.

La Stirpe Meffe

Domenicantonio
Nonno del Prete

≀

Giustino 1760 ~ 1816
Padre del Prete

≀

Domenicantonio 1784 ~ circa 1860
Il Prete

≀

Donato 1823 ~ circa 1883
Secondo figlio del Prete

≀

Giustino 1846 ~ 1914
Nipote del Prete

≀

Domenicantonio 1885 ~ 1962
Pronipote del Prete

≀

Giustino 1914 ~ 1992
Figlio del Pronipote del Prete

≀

Domenic 1951 ~
Nipote del Pronipote del Prete

"I racconti di mio nonno mi sembravano vecchi come i suoi stivali".

CAPITOLO SECONDO

Cos'è un Nome?

Sono il quarto Domenico a memoria d'uomo nel mio ramo familiare e potrei essere l'ultimo a ricordare i dettagli della storia che ci segna.

Ai vecchi tempi in Italia era comune distinguere i vari rami delle grandi famiglie dando loro dei soprannomi, spesso legati ad aspetti positivi, ma a volte fondati su sciocchezze.

A Grassano, nella provincia di Matera, a sud di noi, circolava la storia di un postino nel 1937 che si diceva avesse cinquanta figli. Il suo soprannome era "il re", molto probabilmente in riconoscimento della sua virilità, e naturalmente i suoi figli erano conosciuti come i "principi".

Nel nostro paese, i soprannomi possono essere spietati, scolpendo nel tempo il difetto fisico di un antenato o un errore che si vorrebbe dimenticare. La nostra famiglia è stata fortunata. Un professore occupa una posizione altamente stimata, quindi la branca della famiglia di mio cugino Domenicantonio è conosciuta come "la famiglia del professore". Per cinque generazioni, sono appartenuto alla "famiglia del prete". In un paese cattolico, avere un prete in famiglia era il più grande onore immaginabile, una fonte di orgoglio infinito e rispetto senza pari per qualsiasi stirpe. Non solo conferisce onore a quella particolare famiglia, ma anche all'intero paese di provenienza del sacerdote, quindi era qualcosa da proteggere e salvaguardare per l'intero villaggio.

Sono il quarto Domenico a memoria d'uomo nel mio ramo familiare e potrei essere l'ultimo a ricordare i dettagli della storia che ci segna, la storia tramandata da mio nonno a mio padre e poi a me. Oggi, solo gli anziani ci chiamano 'la famiglia del prete'. Quelli al di sotto dei 70 anni non ricordano più.

Il cognome Meffe risale a cinque secoli fa. Prima del 1780, la nostra branca portava il soprannome di un altro antenato di nome Feliciani, un uomo di successo che molto probabilmente aveva un carattere allegro, dal momento che la radice del nome deriva dal latino *felix*, ovvero felice. Il nonno del mio antenato, il sacerdote, era Domenicantonio Meffe, 'della famiglia del Feliciani'. Era un grande proprietario terriero e possedeva centinaia di *tomoli* intorno al nostro paese. (*Tomolo* è la parola che usiamo nel dialetto locale per indicare un appezzamento di terreno). Dava lavoro a decine di contadini che coltivavano i suoi terreni, badavano gli animali, e curavano i vigneti. Questo era molto importante dal momento che, a parte i terreni, le botti di vino rappresentavano un modo per misurare la ricchezza di una famiglia. Questo era il mondo privilegiato in cui nacque il mio antenato, il sacerdote.

Le mie principali fonti d'informazioni furono i membri più anziani della mia famiglia: mio padre, che morì nel 1992, ed i suoi fratelli, i miei zii Giuseppe, Clemente ed Angelo, quest'ultimo morto nel 2012, nonché le mie

I nonni di Domenic, Domenicantonio e Petronilla Meffe, 1930.

zie Assunta ed Ursula. Di quella generazione, Giuseppe è l'ultimo superstite della famiglia e, a 98 anni, vive ancora a casa. Parlai con zia Assunta poco prima della sua morte nel 1997. Era quella che si ricordava di più, perchè dopo essersi sposata e dopo essersene andata di casa a 20 anni, venne a conoscenza di ciò che gli altri dicevano della nostra famiglia, le voci che speculavano sul perchè Domenicantonio avesse lasciato il sacerdozio, le teorie su come era morta Teresa quando pareva scoppiare di salute, e perchè un fiduciario dell'eredità partì improvvisamente in seguito alla sua morte. Anche negli ultimi anni della sua vita, quando l'anziano 'sacerdote' era rimasto solo e passava i giorni su una panchina fatiscente sotto il sole della piazza, ripetendo insistentemente a chiunque volesse ascoltarlo che era lui il responsabile della morte della moglie, pochi presero sul serio le farneticazioni di un uomo così prossimo alla morte.

Ciò che è vero tuttora è uno dei ricordi d'infanzia più vivi di mia zia Assunta. La famiglia seduta al tavolo della cucina al lume di candela. Nonostante il calore del focolare che scaldava i loro muscoli stanchi dal lavoro, i giovani avevano ancora la forza di chiedere al nonno, "Tata, raccontaci una storia!" Ed è da qui che cominciamo.

CAPITOLO TERZO
Madonna

*Mentre si avvicinava ad un grande ulivo, notò
Una giovane donna addormentata sotto l'albero.
Non l'aveva mai vista prima e, si dice, fu talmente
Impressionato dalla sua bellezza che rimase senza fiato.*

Quale figlio maggiore di una famiglia agricola italiana nel tardo settecento, il destino del giovane Giustino Meffe del Feliciani fu segnato fin dalla sua prima boccata d'aria: avrebbe lavorato come un somaro fino a quando non sarebbe giunto il momento per lui di gestire la tenuta di famiglia. Era prigioniero della terra tanto quanto i contadini che la lavoravano per suo padre. La stessa rassegnazione fatalistica li distingueva tutti, con un'alzata di spalle, come dire: "Cos'altro posso fare nella vita?"

Come molti altri bambini, Giustino odiava le femmine quando era piccolo e, qualche anno dopo, non riusciva a smettere di pensare a loro. Eppure non gli era consentito parlare di matrimonio fino a quando non avesse dimostrato di essere un abile successore alla guida della tenuta e fino a quando i genitori non avessero combinato un matrimonio con una ragazza di pari condizione sociale e con una dote rispettabile.

La giornata di Giustino cominciava all'alba, quando suo padre lo chiamava a colazione. L'autorità del padre era assoluta, la sua parola indiscussa. Ogni giorno, mentre inzuppava una focaccia di granturco alla griglia in una calda tazza di latte, suo padre annunciava la lista di mansioni che Giustino doveva svolgere. Anno dopo anno, le mansioni erano sempre le stesse, solo l'ordine cambiava con le stagioni. E ogni giorno, il padre ripeteva la litania della terra. "La tenuta viene prima di tutto. D'altronde, è la nostra vita". Giustino non si trastullava mai a tavola.

Una gloriosa mattina, Giustino si stava dirigendo verso il piccolo fienile in un pascolo vicino per dar da mangiare agli animali e pulire le stalle come al solito. A mezzogiorno, aveva finito il lavoro al coperto. Allacciando il forcone alla sella, montò a cavallo e si diresse verso una distesa che suo padre possedeva non lontano dal villaggio di Castropignano.

Il sole gli picchiava addosso ed il giovane sentiva il dolce, intenso odore di fieno fresco mentre si faceva strada attraverso i campi diretto verso la fattoria. Il caldo lo intorpidiva. A metà strada fra i due paesi, mentre si avvicinava al sentiero che i pastori usavano per condurre i loro greggi tra le montagne sotto il caldo estivo e giù verso il mare nel freddo invernale, Giustino si fermò. *Sono pecore che sento sul tratturo?*, pensò. Questo non aveva senso per il giovanotto. Era troppo tardi per spostare un gregge. Poi, come se le avesse chiamate, si trovò circondato da circa una dozzina di pecore belanti. *Devono essersi allontanate dalla casa di quel pazzo vecchio. Meglio proseguire,* pensò, *altrimenti mi accuseranno di averle rubate.*

Mentre si avvicinava ad un grande ulivo, notò una giovane donna addormentata sotto l'albero, con un libro aperto a metà ed i resti di un pasto al suo fianco. Non l'aveva mai vista prima e, si dice, fu talmente impressionato dalla sua bellezza che rimase senza fiato. La ragazza avrà avuto 18 anni, era gracile, con i capelli scuri ed era "bella come la Madonna". Giustino non voleva disturbarla ma era curioso di sapere chi fosse.

Smontò ed accompagnò con calma il cavallo verso l'albero. Poi si fermò di colpo, a pochi passi da lei. Non c'era nemmeno una brezza che agitasse l'erba. D'un tratto, Giustino vide il serpente! Una vipera lunga come il suo braccio, marrone e grassa, che strisciava lentamente verso la ragazza. Il bel viso della giovane riposava sul terreno vicino al braccio proteso, la sua bocca leggermente aperta dal sonno profondo. Giustino conosceva le storie: i serpenti si intrufolano nelle bocche della gente e nei vestiti per ripararsi dal caldo. Quando ero piccolo e badavo le pecore nel 1959, mia madre mi avvertì di non addormentarmi mai fuori; disse che i serpenti avevano la capacità di ipnotizzare le loro vittime!

Che Giustino credesse o meno ai racconti delle vecchie comari poco importava; era meglio non correre rischi. Con cautela, si avvicinò alla sella e slacciò il forcone, senza mai distogliere gli occhi dalla preda. Il cavallo sbuffò e batté lo zoccolo nervosamente. "Shhhh!" fece Giustino, posizionandosi attentamente davanti al serpente. Poi puntò il forcone e trafisse la testa del serpente, infilzando l'animale a terra.

Il gesto svegliò la ragazza di soprassalto: un estraneo armato di forcone in piedi davanti a lei! Naturalmente, la giovane gridò. Allo stesso momento, Giustino bofonchiò delle scuse incoerenti. Il serpente infilzato a terra costituiva una prova concreta delle sue intenzioni. Toccava a lei chiedere scusa e ringraziare calorosamente il ragazzo che le aveva salvato la vita. Lei gli offrì un sorso dal suo fiasco. Lui la ringraziò formalmente e bevve avidamente. La ragazza fissò gli occhi nervosamente su un punto sotto il ginocchio sinistro di Giustino. Non c'era più altro da dire. All'epoca, un giovanotto perbene ed una signorina virtuosa non potevano chiacchierare liberamente da soli. Quindi i due si salutarono e si lasciarono. Il lavoro li attendeva.

Quella sera a cena, Giustino raccontò ai genitori delle pecore, del serpente e della bella ragazza. L'esperienza ovviamente aveva lasciato una forte impressione su di lui ed i suoi genitori erano curiosi di conoscere l'identità della ragazza, ma lui era stato troppo timido per chiederle il nome. Suo padre sbottò rudemente, "Non preoccuparti per una ragazza qualsiasi. E poi, cosa ci faceva là da sola? È forse una sgualdrina?" La madre, invece, aveva capito tutto: suo figlio era innamorato. Lei si sarebbe informata presso la cognata quando l'avrebbe vista a messa il mattino seguente.

Anni dopo, Giustino disse che quel giorno cambiò la sua vita per sempre. Per la prima volta, si sentì un uomo. Questa Madonna, si chiese, lo considerava forse un bravo *cristiano*?

Per tre mesi, Giustino non pensò ad altro che alla bella ragazza. Faceva impazzire i genitori con la sua voglia incessante di rivederla. Quale figlio del Don, nonché erede di una famiglia benestante, non era corretto da parte sua recarsi a Castropignano ed informarsi direttamente sull'identità della ragazza. Poteva solo sperare che il destino li facesse incontrare nuovamente.

A fine estate, in un'altra calda giornata senza un filo di vento, Giustino attraversò a cavallo i campi come un forsennato. Sia lui che il suo cavallo erano fradici di sudore. Con il ginocchio toccò il fianco della bestia, che si diresse verso uno dei laghetti del luogo per rinfrescarsi. C'erano talmente tante pecore a Torella del Sannio che a volte i vicini dovevano concordare gli orari di abbeveramento degli animali. La pratica era quella di portare le pecore al laghetto e, mentre nuotavano, pulire il loro vello. A volte facevano così tre o quattro volte prima che le pecore fossero pronte per la tosatura. In quel particolare giorno, tuttavia, i laghetti avrebbero dovuto essere sgombri.

Man mano che Giustino si avvicinò, sentì delle voci smorzate. Portò il cavallo verso i grossi massi che circondavano il corso d'acqua e lo legò ad un giovane salice. Il cavallo nitrì. "Zitto", sussurrò Giustino. "Un giorno verrà anche il tuo turno".

Man mano che procedeva nel sottobosco, notò due donne che ridacchiavano e si azzittivano a vicenda mentre sguazzavano nell'acqua fresca. *Che visione!* pensò Giustino, mentre si adagiava nel suo nascondiglio per osservare le ragazze che si godevano il bagno. Qualcuno dice che le guardò per un pò di tempo, poi si tuffò in acqua per coglierle di sorpresa. Altri dicono che nascose in silenzio i loro vestiti e si godette la loro nuda spensieratezza. Io penso che restò lì dov'era. Poco importa. Il finale della storia è sempre lo stesso.

La Famiglia del Prete

Quando le donne uscirono dall'acqua, lui vide chiaramente che una di loro era la ragazza che aveva soccorso qualche mese prima, la ragazza che si era infiltrata così risolutamente nella sua mente negli ultimi mesi. Il suo cuore martellava, la sua gola era secca, il suo alito evaporava. Non poteva crederci: era proprio lei davanti ai suoi occhi! Come un miracolo, così bella, così piena di vita, così deliziosamente svestita!

Non volendo imbarazzarla, Giustino arretrò. *Dovrò impegnarmi di più ed incontrarla in circostanze appropriate o non troverò mai pace.* Cominciò a trovare scuse per abbandonare le sue mansioni e recarsi al mercato di Castropignano. Improvvisamente, cominciò ad interessarsi a partecipare alla messa nella chiesa di un paese vicino e riscoprì un rispettoso entusiasmo per le varie festività che segnavano il calendario religioso estivo. Col passare dei giorni e delle settimane, l'anticipazione gli erodeva la pazienza, e Giustino escogitava nuovi metodi per incontrare nuovamente la ragazza. Questo sembrerà goffo e macchinoso, e lo era, ma è così che i giovani facevano la corte all'epoca.

Nel corso di vari mesi, Giustino apprese che la ragazza si chiamava Maria e che era la figlia di un altro proprietario terriero. Probabilmente si incontrarono una o due volte la sera mentre lei passeggiava in piazza

La Famiglia del Prete

sotto braccio con una delle sue zie vedove. Si saranno scambiati qualche convenevole, sempre sotto gli occhi protettivi delle vedove coperte da veli neri.

Anche la madre di Giustino si era informata ed aveva deciso che Maria sarebbe stata una moglie accettabile per il suo prezioso figlio, quindi decise di parlarne al marito per convincerlo a dare anche lui il suo consenso. Ogni volta che il ragazzo sospirava e guardava languidamente l'orizzonte, il padre di Giustino gridava, "Smettila di stare con la testa tra le nuvole! Dobbiamo lavorare!"

Mentre guardava la forte, giovane schiena del ragazzo muoversi sul campo, la donna si rivolse al marito e disse: "Perchè non accetti la realtà, Dom? Ha bisogno di una moglie. È come un giovane toro che ansima per avere una mucca".

"Non abbiamo bisogno di distrazioni ora. Abbiamo troppo da fare. Presto dovremo seminare".

"Ma Dom, ti ricordi quando avevamo la sua età? Nessuna forza al mondo ti avrebbe potuto allontanare da me. Lui è sangue del tuo sangue. La ragazza è forte. Ci darà molti nipoti. Ed è devota. Dicono che Dio le parli".

"Non lo so. Dammi dell'altro vino".

"Ti darò qualcosa di meglio". L'anziano rise e seguì la moglie in camera.

Ad un certo punto, Giustino trovò il coraggio di chiedere al padre il permesso di parlare di matrimonio con il padre di Maria. A casa del suo futuro suocero, parlarono del tempo e dei raccolti e di chi avesse la terra più fertile. Poi, mentre stava per andarsene, Giustino chiese formalmente il permesso di parlare con Maria. Naturalmente, i giovani non furono mai lasciati soli. La madre di Maria, o la sorella maggiore sposata o la cugina, insomma qualcuno, era sempre nei paraggi, lavorando e tenendoli d'occhio.

Dopo un rispettabile periodo di tempo ed un numero appropriato di incontri silenziosi, Giustino chiese la sua mano. E dopo che i padri ebbero negoziato i termini della dote, alzarono un bicchiere per siglare l'accordo, rendendolo ufficiale. La madre di Maria era euforica. Il figlio della famiglia del Feliciani! Che fortuna. Questo matrimonio avrebbe portato molta buona sorte e grande onore alla famiglia di Maria. Era l'accoppiata che tutte le brave madri della regione sognavano per le proprie figlie.

I preparativi nuziali cominciarono immediatamente.

La Famiglia del Prete

Per diverse settimane, i lavori procedettero a ritmo frenetico, la delicata camicetta e la mantella della sposa furono presto ricamate ed il cibo per il banchetto nuziale fu imbandito. Lo sposo regalò alla sposa degli orecchini d'oro ed una collana da indossare il giorno del matrimonio. La sposa diede allo sposo uno splendido montone, una nuova pressa per le olive, e l'atto di proprietà di 30 tomoli che costituivano la dote della madre. La notte prima del matrimonio, i ragazzi del villaggio cantarono una serenata fuori dalla sua finestra. Poi, salendo sulla scala, lo sposo cantò una canzone che parlava d'amore e di desiderio. Le presentò un mazzo di papaveri rossi e la aiutò ad uscire dalla finestra, recandosi con lei ad una delle molte feste prenuziali.

Intorno al 1782, poco tempo dopo il loro primo incontro cagionato da un serpente, Maria e Giustino si sposarono.

Il giorno del loro matrimonio, lo sposo e la sua famiglia percorsero a piedi i sei chilometri che da Torella del Sannio portano a Castropignano allo scopo di incontrare la sposa e la sua famiglia. Gli invitati sfilarono lungo i vicoli angusti seguiti da parenti, amici ed il resto del paese. Riempirono la chiesa per le benedizioni, le preghiere e l'incenso, poi ne uscirono ritrovandosi in piazza dove i tavoli erano imbanditi con i migliori cibi della regione: deliziosa pasta ripiena, cavatelli e tacozze, abbacchio arrostito alle erbe, scodelle di olive, fichi, mandorle addolcite, caciocavallo, scamorza, pagnotte di pane fresco con brocche di olio per inzuppare il pane, e le famose carni stagionate della regione: capicollo, soppressa e ventricina. Naturalmente, c'erano anche vino e balli fino all'alba.

Nel bel mezzo dei festeggiamenti, gli sposi sgattaiolarono a casa dello sposo, dove li aspettavano lenzuola fresche e bianche ed un materasso da poco imbottito. Il mattino seguente, la madre di Giustino si presentò da loro per verificare la verginità della sposa.

La giovane coppia si abituò subito ai cicli sempiterni della terra. Giustino tornò alle sue mansioni e Maria si trasferì dalla casa della madre a quella della suocera. Le due donne andavano molto d'accordo. Maria dava da mangiare alle galline e ai maiali, lavava i pavimenti due volte al giorno, faceva il bucato, e cucinava per la famiglia. Inoltre, preparava la camomilla per la suocera per alleviare il dolore dell'anziana e le massaggiava la testa quando una tisana non bastava. Poi andava a messa, tutti i giorni. Anche il padre di Giustino imparò a voler bene alla giovane donna che un tempo aveva ritenuto una sgualdrina.

La gente aveva sempre detto che Maria era talmente gentile che avrebbe potuto fare la suora. Giustino era orgoglioso di questa nuova, splendida e pia moglie. Come poteva la sua bontà essere altro che una benedizione?

C'era solo un'imperfezione in questo ritratto magnifico. Maria non concepì immediatamente e quando finalmente lo fece, il bimbo appassì nel suo grembo. Seguì una seconda gravidanza, e poi una terza, ma due emorragie impedirono l'arrivo di un figlio.

Maria pregava sempre alla Vergine mentre lavorava. Accese dei ceri alla madre della Vergine, Santa Elisabetta, la santa patrona delle donne incinte. Confessò ogni cattivo pensiero o presunto misfatto, e qualsiasi fosse il suo stato emotivo, saliva i tanti gradini del sagrato di San Nicola per ricevere la sacra ostia della comunione.

Finalmente, intorno alla fine del 1784, le sue preghiere furono esaudite. Dopo un lungo e difficile parto, nacque il loro primo figlio, un maschio. Fu battezzato Domenicantonio, il nome del padre di Giustino. I due uomini festeggiarono la loro fortuna fino a tarda notte, mentre l'esausta madre cullava il piccolo.

"Grazie Madre", sussurrò Maria. Si sentì sopraffatta da un grande calore e, sicura che fosse un segno della

Vergine, fece un voto segreto. Se la Vergine avesse lasciato che il bimbo vivesse, lei lo avrebbe dedicato a Dio.

Era una promessa rischiosa da fare per una madre, specialmente dal momento che gli anni passarono e apparve chiaro che non ci sarebbero stati altri figli. Questo causò molta tristezza per la coppia, ma lo spirito vivace del bambino sollevò il loro animo ed essi riversarono tutte le proprie speranze ed energie sul giovane Domenicantonio.

Maria portava il bimbo in chiesa, non solo la domenica ma tutti i giorni della settimana. Giustino, che a quell'epoca aveva assunto la guida della tenuta, non era convinto che questa fosse una buona idea. Era solito scherzare: "Cosa stai cercando di fare? Farlo diventare prete?" In pochi anni, questo scherzo non sarebbe stato così divertente.

CAPITOLO QUARTO
Un Dono Speciale

Quando sembrava quasi troppo tardi per partire,
Fra Marco annunciò, "È ora di partire!"
Il ragazzo guardò la madre ed alzò leggermente le spalle.
"Bé, immagino sia ora", disse Maria.

Col passare del tempo, le due forze che condizionavano la vita del bambino si consolidarono, intensificando le probabilità di un conflitto. Giustino divenne sempre più ansioso di insegnare al figlio come coltivare la terra, mentre Maria esortava sempre di più il giovane a distinguersi in letteratura, teologia e matematica. Non voleva vedere il figlio inchiodato alla terra come il marito, mentre quest'ultimo non capiva perchè il ragazzino fosse restìo ad accettare il suo patrimonio. Entrambi dichiaravano di avere a cuore i migliori interessi del bambino. Dal canto suo, Domenicantonio, figlio devoto, trascorse l'infanzia cercando di gestire i loro desideri contrastanti e di fare contenti entrambi.

Maria sembrava avere un asso nella manica. Quando il bambino non era a messa, andava a scuola, e quando non era a scuola, leggeva qualsiasi libro gli capitasse per le mani. Questo faceva contenta la madre e, man mano che il bambino eccelleva, lei diventava sempre più sicura che questa sarebbe stata la sua vocazione.

Giustino era spesso frustrato. Trovando così poche opportunità per stare con il figlio, ogni volta che erano insieme lo sgridava per non avere svolto bene questo o quel lavoro. L'uomo inveiva spesso anche contro la moglie. Perchè metteva il figlio contro di lui? Leggere libri serviva forse a portare a casa da mangiare? Giustino vedeva solo un obiettivo nella vita del figlio: prendere in mano la fattoria ed incrementare gli introiti famigliari. Era a malapena cosciente del fatto che stava ripetendo le stesse parole che anni prima gli aveva rivolto suo padre fino alla nausea. Man mano che si avvicinava alla mezza età, Giustino cominciava a capire la fissazione del padre per la fattoria.

"Dio verrà forse giù ad aiutarci?" era solito dire Giustino. "Non finchè sarò vivo io". E qualsiasi discorso contrario era una pura sciocchezza. La devozione religiosa del figlio significava semplicemente un paio di mani in meno a lavorare la terra e meno supervisione dei braccianti, cosa necessaria per gestire la tenuta.

Col passare degli anni, il lavoro in fattoria logorò le forze di Giustino; le allegre chiacchierate di un tempo fra marito e moglie lasciarono spazio a critiche, sfiancandoli entrambi fino a portarli a starsene seduti, sempre più spesso, in ostile silenzio. Il bambino si chiedeva cos'altro potesse fare per rendere felici i suoi genitori.

Normalmente, a 12 anni, il destino di un bambino era già segnato e, per un certo periodo, l'incombere di quel compleanno alimentava le speranze di Giustino. Era pronto a riprendersi il bambino, ma quando giunse il giorno fatidico, Maria si trincerò nella propria posizione ed insistette affinché Domenicantonio proseguisse gli studi. I genitori continuarono a litigare, con il bimbo che rimaneva colto nel mezzo. *È mia responsabilità aiutare mio padre*, pensava, *ma come posso deludere una madre così premurosa?*

Al termine di una giornata particolarmente lunga, mentre Giustino si metteva comodo per mangiare una scodella di scattone, Maria informò tranquillamente il marito: "Ho parlato con il sacerdote della parrocchia. Dice che..."

Giustino sbatté il cucchiaio di legno sul tavolo e tuonò: "È a questo che volevi arrivare dopo tutto questo tempo? Farlo studiare sui libri e mandarlo in chiesa? Tu e quel porco con l'abito nero avete complottato contro di me tutti questi anni? Volete rubarmi il figlio, la mia unica speranza per un posto dove ho sudato da quando ero piccolo. Tu.... tu..."

La sua rabbia gli immobilizzò la lingua. Giustino gelò la moglie con lo sguardo. Maria lo fissò, braccia conserte, sicura di avere ragione. Dal canto suo, Domenicantonio si alzò ed uscì come una furia. Cos'altro avrebbe potuto fare?

Maria non disse niente. Col passare dei giorni, l'ansioso padre continuò ad occuparsi del proprio lavoro, sperando che l'idea del sacerdozio non fosse più menzionata.

Con la madre, il bambino rimaneva zitto e ubbidiente, quasi passivo. Con il padre, invece, diventava sempre più impertinente ed aggressivo, usando spesso un linguaggio scurrile. Questo comportamento non faceva altro che rassicurare Giustino. Per quanto lo riguardava, era ulteriore prova che il figlio non fosse adatto al sacerdozio.

Ma Maria era una donna molto paziente. Sapeva di avere Dio, e tutti gli angeli ed i santi in paradiso dalla sua parte. Qui sulla terra, il sacerdote della parrocchia vicina era un suo grande alleato. Aveva visto la crescente devozione e dedizione del bambino come chirichetto. Sapeva che il bambino conosceva bene le Sacre Scritture, e in poco tempo Domenicantonio attirò l'attenzione dei superiori del sacerdote. Fu così che

Giustino si trovò in cucina un giorno versando il suo migliore vino non per un sacerdote, ma bensì due.

L'anziano sacerdote, che aveva percorso i venti chilometri da Trivento a cavallo di un mulo, proferiva degli argomenti convincenti. "Signore, a 14 anni, suo figlio dimostra un talento eccezionale, di gran lunga superiore ai suoi coetanei. Occorre incoraggiarlo, quindi vorremmo offrirgli un posto nella scuola del monastero".

"Sta dicendo che vuole che mio figlio diventi prete?"

"Se è volontà di Dio, sì".

Giustino scosse la testa, cercando di imbrigliare il proprio temperamento.

"Sembra turbato, Signor Meffe".

Giustino fissò il vecchio prete. "Quanto dista questa scuola? Eh? Mi dica, quanto dista questa scuola?" ringhiò. "Mio figlio è solo un bambino. Come farà a venire lì? Lo porterete voi?"

"Non è molto lontano. Suo figlio sarà sotto le cure dei monaci di Trivento".

"In altre parole, sarà via per diversi mesi alla volta! Come diavolo posso gestire una fattoria senza mio figlio?" Giustino si girò e fissò Maria. "Questa è colpa mia. Spero tu sia soddisfatta. Gli hai messo tu queste grandi idee in testa".

"Suvvia Giustino", interruppe il sacerdote della parrocchia. "Non pensi di essere un tantino severo?"

"Non spetta a lei giudicarmi" ringhiò Giustino. "Lavoro dalla mattina alla sera. Che diavolo ne sa lei? Legga libri. Sparga acqua santa. Preghi!" Quest'ultima parola la sputò come una maledizione. Timoroso di perdere completamente il controllo, Giustino scappò dalla stanza, sbattendo la porta.

Poi, visibilmente infuriato, agitò le braccia ed attraversò il cortile a gran passi. *Come siamo arrivati a questo? Sto gridando alla mia bella Maria, così dolce e così buona. Non se lo merita. Avrei dovuto incoraggiare di più il ragazzo. Avrei dovuto trovare altri modi per stare con lui. Avrei dovuto essere più ferreo. Non è colpa di Maria. Sta facendo ciò che pensa sia opera di Dio. Come posso litigare con una santa? Come posso abbandonare mio figlio? Come potrò portare avanti questa maledetta fattoria?*

A metà strada verso il fienile, si fermò, si girò e tornò a casa per poi accovacciarsi lontano dagli sguardi, sotto la finestra della cucina.

"Vi prego di perdonare mio marito" sentì Maria implorare i sacerdoti. "Lavora moltissimo e si preoccupa per la fattoria ed i contadini. Ultimamente, si è preoccupato di insegnare a nostro figlio come prendersi cura dei vigneti. È una vera arte, sapere come potare le vigne ed imparare come ottenere il massimo dalla terra. Anche mio marito pensa di essere un insegnante, ma ha altre cose da insegnare a nostro figlio. Forse pensa che state invadendo il suo dominio. Volete dell'altro vino?"

A quel punto, Giustino aprì la porta e rientrò in cucina. "Sì, sì, offri dell'altro vino ai nostri ospiti. Potremmo non avere abbastanza mani in questa maledetta fattoria per versarlo la prossima volta che verranno a far visita".

Poi Giustino sospirò, "Senti", disse, mentre gli cadevano le spalle, "Decidi tu quello che diavolo vuoi. Ho del lavoro da fare. Fatemi sapere dove andrà e quante volte verrà a casa, così non mi dimentico che faccia ha".

Giustino aprì la porta e uscì senza far rumore verso i campi di grano che il vento scuoteva. *Non puoi litigare con tua moglie quando ha Roma dalla sua parte.*

Nei giorni seguenti, Maria, riconoscendo l'enorme concessione che Giustino aveva appena fatto, pregò regolarmente, chiedendo consigli al Signore. Sapeva che doveva fare di tutto per riappacificare il marito ed il figlio nel poco tempo che avevano ancora insieme. Ogni mattina, incoraggiava Domenicantonio a trascorrere la giornata con il padre. All'inizio il figlio acconsentiva con riluttanza, ma col tempo diventò sempre più volenteroso. Con il duro lavoro crebbe il rispetto tra padre e figlio, e per la prima volta in molti anni, l'atmosfera a cena pareva alleggerirsi. Giustino era contento degli sforzi fatti da Maria e, col tempo, si riaccese la scintilla del vecchio affetto familiare.

L'estate volò. In poco tempo, Domenicantonio sarebbe partito per il monastero. Giustino ispezionò il raccolto, che era già in fase avanzata; si prospettava una buona annata. *"Forse non è poi così male che il mio bravo, giovane figlio serva Dio"*, pensò l'uomo.

La settimana seguente, in una splendida mattina d'autunno, madre e figlio videro un carretto sferragliare fragorosamente verso la fattoria. Un frate grosso e paffuto, che indossava una casacca marrone unta e polverosa, scese goffamente a terra e salutò il suo pubblico.

"Buongiorno! Sono Fra Marco, sono venuto a prendere il ragazzo", disse.

"Benvenuto, Fratello. Venga e si riposi. Sarà esausto.

Domenicantonio, dài da bere al mulo del frate e portagli un po' di grano", esortò la madre.

Rivolgendosi al frate, disse: "Vuole lavarsi la sporcizia della strada dal viso?". Poi pensò tra se: *Chissà se questi frati si lavano mai?* Gli portò una bacinella d'acqua tiepida e cominciò ad imbandire un abbondante pranzo. La donna si soffermò a lungo nei preparativi, convincendo il frate a mangiare un lauto pasto. L'uomo era lieto di acconsentire.

Domenicantonio non sopportava di vedere la madre stressarsi mentre si indaffarava attorno al monaco affamato. Il ragazzo caricò sul carretto i pochi oggetti personali: qualche libro, un ricambio, un cappotto caldo. Poi, seguendo le istruzioni del padre, caricò anche varie botti di buon vino, giare d'olio d'oliva in terracotta, forme di formaggio, ed una quantità abbondante di carne stagionata, tutto per il comfort del frate. Nessuno poteva dire che Giustino non fosse un generoso anfitrione.

"Mi dispiace che mio marito non sia qui, ma il raccolto lo costringe a stare sempre nei campi", spiegò Maria. In effetti, Giustino si era defilato subito dopo la colazione, senza dire una parola.

Quando sembrava quasi troppo tardi per partire, Fra

Marco balzò su, batté le mani, offrì una veloce benedizione a Maria, e si rivolse al ragazzo. "È ora di partire. Ci fermeremo a Pietracupa stanotte ed alloggeremo da mia sorella".

Il ragazzo guardò la madre ed alzò leggermente le spalle.

"Bé, immagino sia ora", disse Maria, sorridendo timidamente.

Domenicantonio abbracciò calorosamente la madre. Poi lei gli diede un sacco meticolosamente riempito di olive, formaggio e pane. Il ragazzo salì sul carretto. Il viaggio per Trivento sarebbe durato una giornata intera, forse di più, a giudicare dall'aspetto del mulo.

Man mano che se ne andavano, Maria li salutava con la mano, col cuore che scoppiava di tristezza. Prima di raggiungere la strada principale, il ragazzo si voltò indietro. Vedeva la madre che si mordeva il dorso della mano, cercando di controllare le lacrime. Poi, con la coda dell'occhio, il ragazzo vide un'ombra saltare dietro un albero vicino alla fattoria. Molto più tardi seppe che era stato il padre, troppo fiero per mostrare che piangeva.

Passarono tre mesi. Per la mamma, sembrava già un'eternità. Per il papà, la tristezza era insopportabile.

Anche la gente del paese lo notò. Almeno Maria aveva la chiesa a cui rivolgersi. Giustino non aveva nessuno con cui condividere la disperazione. Cos'altro poteva fare? Non poteva opporsi alla Chiesa. Il suo orgoglio era l'unica cosa su cui poteva contare.

Una volta al mese, Maria lasciava la fattoria di notte per andare a trovare la madre a Castropignano. Al suo ritorno, i coniugi si dicevano poco. Quando parlavano, si scambiavano poche parole, tipo: "Passa il vino...dobbiamo prendere dell'altro pane...non preoccuparti di preparare la cena", e così via. Molto spesso, Giustino saltava perfino i pasti, oppure andava a lavorare prima del solito per evitare di comunicare con la moglie. Poi, una mattina, arrivò un messaggero a cavallo con una lettera.

"Nostro figlio torna a casa!"

Giustino alzò la testa dal piatto. Le lacrime gli colarono sul viso.

"Mi dispiace tanto, cara mia", disse a Maria, piagnucolando. "È colpa mia! Ti ho sempre biasimata per avere voluto che il nostro Domenicantonio diventasse prete. Ora so che è stata colpa mia per non essere stato abbastanza forte da insistere che restasse qui. Non sapevo cosa fare. Ho pregato Dio in silenzio ogni sera perché mi dicesse cosa fare, ma non mi ha mai risposto".

"Ecco la tua risposta", disse lei, piangendo, gettando le braccia attorno al collo robusto del marito.

"So che lavori molto", disse lei. "Bene, ho lavorato molto anch'io. Tutti quei giorni in cui ero lontana da te, portavo da mangiare a nostro figlio ed il tuo vino ai monaci".

"Cosa? Non andavi a trovare tua madre?" Giustino era choccato dal fatto che questa santa lo avesse ingannato.

"Sì, sì, mi fermavo per una breve visita, ma poi tornavo indietro e mi dirigevo verso nord per vedere nostro figlio". Poi Maria lo stuzzicò. "Lo sai, marito mio, il viaggio era così lungo che avrei preferito prendere il nostro cavallo invece di cavalcare l'asino. È testardo come te". Ancora abbracciati, i due risero insieme per la prima volta dopo mesi di angosce.

Il giorno seguente, a mezzogiorno, Domenicantonio rincasò dopo un lungo viaggio e fu accolto a braccia aperte dai genitori. La notizia fece velocemente il giro del paese: il "giovane sacerdote" era tornato. Il ragazzo reagì all'attenzione con modestia, pur sentendosi a proprio agio. Ai suoi genitori, Domenicantonio appariva più sicuro di sé. Servì messa con il loro amico, il sacerdote della parrocchia, e si premurò di aiutare il padre ogni volta che ne avesse bisogno. Maria era felice. Giustino non poteva lamentarsi. Le due settimane volarono ed il ragazzo ripartì a studiare per altri sei mesi.

Domenicantonio non era l'unico che stava cambiando. Giustino cominciò a notare che la gente lo trattava in modo diverso. Mentre chiacchierava con i contadini o passeggiava in paese, i saluti erano più accentuati, gli inchini più rispettosi. Notò che non veniva più indicato come uno della famiglia del Feliciani. Ora apparteneva alla 'Famiglia del prete'. Suo figlio aveva creato una nuova branca della dinastia Meffe.

All'inizio, questo lo imbarazzava. Poi, lo infuriò; perché doveva meritare tanto rispetto? Cosa aveva fatto? Avere un possibile prete in casa non contribuiva certo agli introiti della famiglia.

Giustino non era mai stato un uomo religioso: era troppo impegnato a lavorare la terra per andare a messa, a parte a Natale e Pasqua, ma ora provava un profondo senso di colpa per avere ignorato la propria devozione alla Chiesa.

Mentre Giustino lottava con questo nuovo ruolo, Maria, dal canto suo, si trovò perfettamente a proprio agio. Divenne ancora più devota, prendendosi cura dei malati, portando pasti agli anziani, e versando le monete che risparmiava nella cassetta delle offerte in chiesa.

Nel frattempo, Giustino tornò progressivamente alle vecchie abitudini. Non riusciva a fermare il crescente dolore che provava da quando il figlio aveva anteposto Dio alla famiglia ed alla fattoria. Per lui questa scelta non aveva senso. Dio non era visibile. Non lo potevi sentire come la terra che gli scorreva tra le dita. *Come facciamo a sapere se Dio esiste?*, pensava. Si sentì sopraffatto dalla disperazione.

Oh, mio Dio. Cosa sto pensando? Perdonami. Abbi pietà di me. Ti prego, mandami un segno, dimmi cosa devo fare.

Spesso, Giustino metteva da parte i suoi dubbi interiori per andare avanti. Non poteva mostrare i suoi dubbi in paese; avrebbe causato guai, quindi fece finta di essere soddisfatto del nuovo prestigio acquisito. *Ci deve essere un altro modo per persuadere mio figlio che anche lavorare la terra è esaudire le volontà di Dio.*

Durante una delle visite del figlio, Giustino accompagnò Domenicantonio nel suo laboratorio dove venivano costruite botti più alte di un uomo. "Siamo arrivati a produrre trenta botti di vino l'anno", disse al figlio. "Un giorno, tutto questo sarà tuo. Pensa a quello che possiamo fare insieme". Alcuni minuti più tardi, aggiunse: "Che tipo di vita ti può dare la Chiesa?"

I due uomini continuarono a camminare in silenzio. Poi Domenicantonio si girò e delicatamente posò la mano sulla spalla del padre, dicendo: "Papà, tu non capisci quanto infinito sia Dio. Qualche botte di vino o alcuni appezzamenti di terreno sono come granelli di sabbia per Lui. Dio dà il proprio amore a tutte le persone del mondo. Qui avresti bisogno di alcune decine di persone".

Qualcosa di delicato stava lentamente cambiando tra i due uomini. L'autorità del padre stava scemando man mano che il figlio acquistava maggiore sicurezza spirituale ed intellettuale. Di tanto in tanto qualche contadino della zona salutava il figlio con un ossequioso "Don Domenico", in riconoscimento del crescente rispetto di cui godeva il giovane nella comunità.

Giustino scelse di non farci caso. Invece, i suoi argomenti divennero sempre più creativi ed insistenti ogni volta che il figlio veniva a far visita a casa. Forse Domenicantonio poteva trovare un insegnante privato vicino al paese in modo da poter studiare e lavorare allo stesso tempo. O magari Giustino poteva aiutare il giovane ed accoglierlo nuovamente in casa.

A volte, Giustino era più diretto. "Cosa ne facciamo delle persone che dipendono da noi? Chi gestirà la tenuta quando io non ci sarò più?"

"Papà, le persone che lavorano qui sono più che sufficienti".

Nel corso degli anni, la delusione lasciò spazio alla rassegnazione. Per il padre del prete, sembrava nuovamente che un vigneto non avrebbe potuto competere con la Chiesa di Dio.

Forse accadde in uno dei rifugi che segnavano l'incrocio sulla strada per Trivento, o forse fu in carrozza lungo il sentiero che portava alla scuola, ma un giorno il ventenne Domenicantonio incontrò la giovane donna che gli avrebbe cambiato la vita, la donna più bella che avesse mai visto. In presenza di un accompagnatore, possiamo immaginare con quanta intensità si parlarono quel primo giorno. I due si scambiarono opinioni sull'operato di Dio, la storia, l'arte ed i grandi filosofi del passato. La modestia della ragazza, la sua intelligenza e la sua pia devozione erano tanto attraenti per il giovanotto quanto il suo bel corpo. Si scambiarono i nomi e le storie delle rispettive famiglie. Lui apprese che lei era la figlia di un importante mercante di Boiano, un paesino del sud, e che stava andando a trovare una zia a Trivento. Domenicantonio rimase sorpreso dal fatto che la ragazza aveva viaggiato così lontano da casa. Lei, invece, si meravigliò del fatto che lui frequentava un monastero! Quando si lasciarono, lui si sentì come se ogni nervo nel suo corpo fosse stato galvanizzato: i colori erano più brillanti, gli odori più intensi, i più piccoli suoni amplificati. Aveva molte cose su cui riflettere quando, più tardi, si inginocchiò con i monaci e pregò in silenzio.

Nel mondo insulare della campagna italiana non ci sono segreti. Il cocchiere avrebbe notato i giovani che parlavano e l'avrebbe detto alla moglie. Lei l'avrebbe riferito alla sorella, che l'avrebbe ripetuto alla governante del prete. A sua volta, quest'ultima l'avrebbe sussurrato alla cugina di Maria, che l'avrebbe menzionato a Maria stessa al termine della messa. Infine, Maria l'avrebbe raccontato al marito. Era questo il miracolo invocato da Giustino nelle sue preghiere!

"Allora, figlio mio, chi è questa ragazza di cui abbiamo sentito parlare?". Dapprima, Domenicantonio negò che ci fosse qualcosa da discutere, ma poi non poté più nascondere il suo crescente attaccamento alla bella ragazza. La chiameremo Angelina, poiché il suo nome è andato perso nella storia. I due giovani si scambiarono molte lettere. Giustino incoraggiò la relazione ad ogni opportunità, ridendo tra sé e ricordando l'incontro casuale di un'altra giovane coppia, tanto tempo prima. Anche Maria capì cosa stesse accadendo ma non disse nulla. Si limitò a ricordare al figlio il suo imminente voto di castità. Poi pregò ancora più assiduamente affinché Domenicantonio resistesse alla tentazione, ma per la prima volta, Maria dubitò della propria forza di volontà. Qualcosa di più forte delle sue esortazioni si impossessò del figlio: era impossibile anche per una madre opporsi a questa forza dirompente. Tutti questi anni d'amore, preghiera e sforzi sarebbero stati vanificati. Era forse il suo orgoglio a parlare? Poteva sbagliarsi sul figlio? Dio aveva forse un altro progetto per lui?

Domenicantonio continuò i propri studi, ma più pensava ad Angelina e più dubitava della propria vocazione. Aveva davvero la predisposizione per diventare sacerdote? Era un ragazzo sano, nel fiore degli anni, attratto da una donna giovane e bella. Non aveva mai conosciuto un desiderio così profondo! La sua concentrazione scemava. Studiare diventava impossibile. In poco tempo, il cambiamento nella sua condotta fu notato dai suoi superiori al monastero. Naturalmente, si preoccuparono e cercarono di parlargli, ma lui si oppose ai loro sforzi, deciso a risolvere da solo questo dilemma.

~ *La Famiglia del Prete* ~

Una mattina, dopo la preghiera mattutina, la soluzione gli giunse come un forte vento direttamente dallo Spirito Santo. Domenicantonio avrebbe ubbidito al padre. Si sarebbe sposato, avrebbe messo su famiglia, ed avrebbe condiviso la responsabilità della gestione della tenuta con il genitore, proprio come Giustino aveva fatto prima di lui. Decise di rivelarlo ai genitori alla seguente visita.

I mesi sembravano non passare mai. La maggior parte delle notti il ragazzo rimaneva sveglio, sognando la sua dolce Angelina. I giorni furono allietati solo dalla saltuaria lettera della sua promessa sposa.

Poi, un giorno, le lettere cessarono. Passò una settimana, poi due, poi tre, senza nessuna lettera dalla sua promessa sposa. Mentre Domenicantonio faceva i bagagli, preparandosi per tornare a casa e cambiare il corso della propria vita, i suoi pensieri si proiettarono al futuro con grande emozione. *Perché non riceveva notizie da Angelina da molte settimane?*

Ci vollero pochi minuti per scoprire la risposta. Entrando nella fattoria, la mamma gli consegnò una lettera. *Perché era stata consegnata alla fattoria e non al monastero? Forse Angelina aveva previsto il suo ritorno a casa.* Domenicantonio aprì la lettera e cominciò a leggere.

Carissimo Dom,
Questo è il giorno più felice ma anche il più triste della mia vita. Ho conosciuto un meraviglioso ragazzo di Boiano...

La tazza di vino gli scivolò di mano, schiantandosi sul pavimento di pietra. L'incredulità lo spinse a continuare a leggere.

Ti voglio molto bene come amico, ma ora mi rendo conto che tu aspiri ad una chiamata molto più alta. Anche se provo delle emozioni intense per te, i miei sentimenti per il mio nuovo amore sono ancora più forti. Come te, è un brav'uomo ed insieme intendiamo mettere su famiglia ed essere molto felici. Sarei onorata se avessi la tua approvazione per il nostro matrimonio....

"Basta!" scattò Domenicantonio, accartocciando la lettera e tenendola sopra la candela. Mentre i suoi genitori guardavano, gettò il foglio nel fuoco e rise amaramente: "Cenere alla cenere, polvere alla polvere". Si alzò, spense la candela con un soffio, e uscì a gran passi dalla fattoria. Il giorno seguente, tornò al monastero.

Perché la ragazza lo aveva respinto? I genitori di lei l'avevano forse indotta ad abbandonare il giovane seminarista perché temevano per le proprie anime immortali? Sicuramente rischiavano l'ira di Dio qualora avessero permesso alla figlia di sposare un uomo scelto dal Signore. Era credenza comune che se rubavi a Dio, Egli avrebbe rubato a te dieci volte di più. I tuoi raccolti sarebbero appassiti. I tuoi figli sarebbero nati zoppi. I tuoi animali sarebbero morti.

Domenicantonio si immerse nello studio per sfogare la propria rabbia e la propria amarezza. Quando tornò a casa, indossava la casacca nera del sacerdote, pur non essendo stato ancora ordinato. Le sue visite erano appositamente brevi, per paura di litigare con il padre.

Infine, nel 1815, Domenicantonio fu benedetto dal vescovo e iniziato come diacono, l'ultimo passo importante prima di essere unto sacerdote nella Chiesa Cattolica Romana. Maria sussurrò un grazie di cuore alla Vergine Benedetta. Sembrava che "La Famiglia del Prete" fosse ora una realtà.

Come un eroe di guerra di ritorno a casa, Domenicantonio entrò a Torella del Sannio in un mare di inchini e baci, saluti e strette di mano. Quella sera, più di cento compaesani si ritrovarono nella fattoria della famiglia per una celebrazione unica. Il vino scorse in abbondanza, le cornamuse suonarono, nessun piatto rimase vuoto, nessuno commensale restò immobile. Il giovane diacono sorrise e nascose cautamente la propria tristezza.

CAPITOLO QUINTO
Tragedia

Gettando uno sguardo all'icona crocifissa,
Domenicantonio uscì dal santuario.
Vari sussurri confusi echeggiarono nella chiesa.

Domenicantonio tornò a casa regolarmente durante quegli ultimi mesi prima della sua ordinazione per aiutare il suo vecchio amico, il sacerdote della parrocchia. Assistette alla Sacra Comunione, benedisse i malati, e recitò l'omelia. Durante una visita, il "giovane sacerdote" fu accolto all'uscio dalla madre, che ormai era fuori di sé per la preoccupazione.

"Tuo padre è partito tre giorni fa per controllare gli angoli più remoti della nostra tenuta, ma aveva solo abbastanza cibo per un giorno ed una notte. C'è qualcosa che non va, lo sento", lamentò la donna tra le lacrime.

Se c'era molto lavoro da fare, era normale per il padre stare fuori una notte, o anche due, fermandosi presso uno dei rifugi dislocati nella tenuta. Poteva accendere un falò, bollire delle patate, e dormire comodamente.

Ma rimanere fuori per più di due notti era raro perché sapeva quanto Maria odiasse stare sola.

"Forse è caduto e si è fatto male", ipotizzò il figlio.

"Oppure è stato ucciso da briganti!" Erano tempi in cui la criminalità dilagava, in cui bande di criminali sfruttavano l'incertezza politica che seguì la perdita del controllo da parte dei francesi nel Regno delle Due Sicilie.

"Molto probabilmente il cavallo si è azzoppato".

"Oppure qualcuno ci ha mandato il malocchio!", disse Maria piangendo ancora più intensamente, afferrando l'amuleto a forma di corno lungo e rosso che le pendeva dal collo.

"Dài, mamma. Sono sicuro che ci sia una buona ragione per il suo ritardo. Chiamerò alcuni dei braccianti. Lo troveremo".

Passarono diverse ore. Maria pregò, camminò avanti e indietro. Pregò ancora e poi cominciò a cucinare. *Gli uomini avranno fame*, pensò. L'atto di preparare un pasto la calmò.

Poi, poco dopo il tramonto, Domenicantonio entrò in casa trascinando i piedi e crollò su una sedia.

"Figlio mio, cosa c'è? Dov'è tuo padre? Si è fatto male?"

Senza guardare la madre, Domenicantonio disse con tono smorzato: "Non c'è più. È finita. Ho appena dato a papà l'estrema unzione".

Madre e figlio crollarono l'uno tra le braccia dell'altra in uno sfogo di lacrime ed emozioni irrefrenabili. Un bracciante aveva appena trovato Giustino vicino ad un ruscello. Non c'erano segni sul suo corpo. Nessuna ferita o segni di violenza. Probabilmente si era fermato per bere ed il suo cuore aveva ceduto. Una grande tragedia a soli 56 anni.

Il giovane diacono assistette al funerale del padre, cercando di reprimere le proprie emozioni mentre tesseva l'elogio funebre. Disse ai compaesani che Giustino Meffe era stato un grande uomo, un uomo d'onore, un esempio di grande lavoratore, un padre devoto alla propria famiglia, ed un datore di lavoro molto premuroso. Fu la cosa più difficile che avesse mai fatto. Continuò a pensare, *adesso sono quasi sacerdote. Devo mostrare coraggio e leadership, quindi non posso piangere al funerale di mio padre.*

Molti si rendono conto degli errori che hanno commesso nella vita quando è troppo tardi e questo valse anche per Domenicantonio. Nei mesi che seguirono, raramente riuscì a dormire bene. Pensò che la morte prematura del padre fosse colpa sua; era sicuro che Giustino fosse morto di cuore infranto, esausto ed abbandonato. *Se solo l'avessi aiutato di più con la fattoria. Se solo fossi stato più paziente e comprensivo delle scelte di mio padre.*

Era tormentato dai sensi di colpa. Pregava continuamente, "Caro Dio, e se l'avessi aiutato invece di lasciarlo solo? L'avresti portato via con Te così presto?"

Per necessità, la madre prese in mano la gestione della tenuta. Ma rapidamente apparve chiaro che la sua inesperienza stava mettendo a repentaglio il lavoro di una vita del marito.

Domenicantonio tornò al seminario, tormentato da un vortice di emozioni contrastanti. Il senso di colpa si tramutò in amarezza, e quindi rabbia. Si infuriò con Dio. *Perché mi stai punendo per avere seguito il mio Redentore?* I suoi colleghi preti lo sgridarono, ricordandogli che le scelte di Dio sono incomprensibili all'uomo. "Devi accettare il tuo destino e mantenere la fede". Ma alla fine, per Domenicantonio, questo non fu possibile.

Poche settimane prima di prendere definitivamente i voti, mentre partecipava alla celebrazione dell'anniversario dei sei mesi della morte del padre, Domenicantonio volse lo sguardo verso i parrocchiani. Alzò la mano e mormorò una benedizione in latino.

"*Benedicat vos omnípotens Deus, Pater, Filius et Spiritus Sanctus*".

"*Amen*", risposero i fedeli.

Volgendo le spalle alla congregazione, Domenicantonio lentamente sollevò sopra la testa la cotta bordata di merletti, la piegò, la baciò, e la pose sull'altare a fianco di un grosso messale. *Padre, la mia vita è appartenuta a Te fin dalla nascita. Ho dato molto a Te e poco al mio padre terreno. Ma ora so quello che devo fare. Ti prego di perdonarmi per quello che ho fatto e per quello che sto per fare.* Poi si tolse il collare bianco ed inamidato, lo posò sull'altare e, gettando uno sguardo all'icona crocifissa, uscì dal santuario per la porta laterale. Vari sussurri confusi echeggiarono nella chiesa.

Domenicantonio non sarebbe mai più tornato all'altare, non avrebbe mai più celebrato l'eucaristia da sacerdote. Per la prima volta nella sua vita, prese una decisione pensando solo a se stesso.

CAPITOLO SESTO
Una Nuova Vita

Nel 1821, nacque il primogenito, un maschio,
che fu battezzato Giustino, il nome del padre dello sposo.
Seguirono altri cinque figli.

Come per le stagioni, la vita di Domenicantonio aveva chiuso il cerchio. Non c'erano più conflitti. Il suo obiettivo era chiaro: onorare la memoria del padre, assumere il controllo della tenuta, e prendersi cura della madre. La vita era semplice. Lavorare. Mangiare. Dormire.

Il sacerdote della parrocchia andava spesso a trovare madre e figlio. Le loro chiacchierate erano cordiali ed amichevoli. Il sacerdote incoraggiava Domenicantonio a tenere il cuore aperto a Dio.

"Non sai che cosa il Padre ha in mente per te".

"Oh, penso di sapere cosa voglia il Padre; lunghi giorni a lavorare sotto il sole cocente e molti grattacapi legati alla gestione di questo posto!"

"Forse sì, ma se puoi spendere alcune ore per il tuo vecchio amico, avrei bisogno del tuo aiuto".

"Come posso aiutarla, padre? Ho voltato le spalle a Dio".

"Hai semplicemente cambiato idea. Questo non è peccato. Sei sempre più uomo di Dio della maggior parte della gente di queste parti e c'è ancora molto da fare fra la Sua gente". Così il quasi-prete si unì al prete svolgendo le mansioni minori all'interno della parrocchia.

Domenicantonio era diventato trentenne, la madre era ormai una sessantenne, quindi il punto di riferimento delle preghiere di Maria cambiò.

"Figlio mio, chi lo sa quanto tempo sarò ancora con te".

"Mamma! Per favore. Vivrai più a lungo di me".

"No, fammi finire. Figlio, tu sei un uomo, sei ancora forte e giovane. Hai bisogno di una moglie che si prenda cura di te e che mi dia dei nipoti prima che io muoia!"

Col passare dei mesi, l'insistenza della madre fece breccia sui pensieri avviliti di Domenicantonio. *Forse mia madre ha ragione. Devo trovarmi una moglie.* Si ricordò di avere visto una bella e giovane donna a messa nel paese della madre, Castropignano. Aveva un fascino intrigante. Il desiderio lo colse di sorpresa, e si trovò suo malgrado a pensare ad Angelina. Forse era davvero l'ora di andare avanti. Ormai era il padrone, non il prete, e non c'era nulla che potesse impedirgli di cercare le attenzioni di una giovane donna.

Si sa pochissimo di Teresa Borsella, la donna che sarebbe diventata la moglie del prete. Per questo racconto ho immaginato la sua storia: era una bellezza, una bellezza con un peso. Come molte giovani donne dell'epoca, Teresa era stata promessa al figlio di una famiglia vicina ed i due ragazzi erano cresciuti sapendo che un giorno si sarebbero sposati. Poi a 16 anni, il ragazzo improvvisamente lasciò Castropignano. Uno degli zii anziani della madre, un vecchio scapolo di Napoli, aveva bisogno di un apprendista. La madre del ragazzo insistette affinché il giovane cogliesse l'opportunità per spezzare il proprio legame con la terra, quindi l'accordo di matrimonio fu annullato. La famiglia del ragazzo pagò caro per questa libertà e Teresa fu dimenticata.

All'inizio, la ragazza fu devastata dalla vergogna di essere stata respinta. Poi, però, cominciò a pensare, *Perchè non dovrei chiedere di più dalla vita invece di questa miseria?* Era una ragazza intelligente ed aveva imparato a leggere e scrivere. Ogni volta che finiva le sue faccende di casa, prendeva sempre in mano un libro.

La Famiglia del Prete

Sebbene qualcuno l'avrebbe considerata 'non maritabile', la sua bellezza continuava ad attrarre l'attenzione di molti giovani uomini di paese negli anni che seguirono la rottura del fidanzamento. Lei li respinse tutti, aumentando la frustrazione del padre. L'uomo aveva altre quattro figlie da maritare e, fintanto che Teresa restava a casa, le loro vite sarebbero rimaste in sospeso. Inoltre, man mano che la ragazza si avvicinava ai vent'anni, il padre cominciava a disperarsi, pensando che sarebbe morto in una casa piena di zitelle.

Dire che la comparsa di Domenicantonio in casa Borsella fu una manna sarebbe sottovalutare il suo impatto sulla famiglia di Teresa! A pochi giorni dal loro incontro, Domenicantonio ed il futuro suocero si accordarono sui termini della dote. Teresa sembrava contenta della propria situazione. Aveva trovato un uomo che poteva darle l'opportunità di vivere una vita migliore.

E così, nel 1819, all'età di 35 anni, Domenicantonio Meffe sposò la 22enne Teresa Borsella.

La mattina della cerimonia, gli sposi si incontrarono davanti al sacerdote per ricevere la Santa Comunione ed avere la sua benedizione. La sposa indossava una camicetta bianca delicatamente bordata di merletti annodati a mano. Il corpino del suo abito, il grembiule ed il foulard erano neri e rossi, decorati con ricami brillantemente coloriti. I raffinati orecchini d'oro che le adornavano le orecchie erano un regalo della cognata e servivano a tenere lontano il malocchio. Lo sposo portò un pezzo di ferro nei pantaloni come talismano. Mentre si allontanavano dalla chiesa, furono circondati da simboli di buona fortuna: due piccoli ulivi piantati su vasi, le loro iniziali scarabocchiate sul sagrato e, secondo la tradizione locale, i compaesani spezzarono del pane sopra le loro teste come augurio di fertilità.

Dissero che fu il matrimonio più grande e più meraviglioso mai visto negli ultimi anni. Duecento ospiti cantarono a squarciagola e ballarono gli impegnativi passi della tarantella. Naturalmente, mangiarono ed alzarono ripetutamente i bicchieri, incoraggiando la coppia a fare di Maria una nonna!

Maria accolse in casa il giovanotto e, sebbene trovò che la nuora a volte era un po' troppo cocciuta e tenace nell'esprimere le proprie opinioni, le due donne andarono d'accordo, specialmente quando Teresa cominciò a dare alla luce dei nipotini.

Nel 1821, nacque un primo figlio, che chiamarono Giustino Meffe, il nome del padre dello sposo. Nel 1823, nacque un secondo figlio, Donato, e nel 1825 un terzo,

Francesco. Seguirono altri tre figli. Tutti sembravano felici e la famiglia del prete crebbe. Domenicantonio era felicissimo di essere il patriarca di una prole così splendida. Teresa si dimostrò una moglie e madre operosa e devota. E Maria era felice della vivacità che vedeva nella casa un tempo silenziosa. Aveva tutte le ragioni per essere contenta in quel momento della sua vita. Dio sembrava sorridere sulla famiglia del prete.

Per i prossimi 13 anni, la vita fu splendida. Per la prima volta, Domenicantonio era contento. Non provava più la tensione che sentiva quando si chiedeva dove fosse casa sua e cosa dovesse fare nella vita. La sua strada era chiara. Aveva l'amore di una brava donna e dei figli che avrebbero portato avanti il suo lavoro. I raccolti abbondavano. L'estate prometteva bene. Aveva acquistato dell'altra terra, coltivato altro grano, piantato nuovi vigneti ed ulivi, aumentato i suoi greggi, e stava concentrando tutte le sue forze per proseguire l'opera del padre e del nonno prima di lui.

Come molti altri aspetti della tenuta, la cura dei vigneti variava a seconda della stagione. Nei freddi mesi di gennaio e febbraio, i vigneti rimanevano inattivi. Era la stagione del taglio della legna, che veniva raccolta in modo che potesse essere asciutta d'estate e produrre botti di vino. Solitamente, le botti duravano circa 50 anni. Quelle di Domenicantonio risalivano ai tempi del padre, quindi era giunta l'ora di sostituire quelle vecchie e produrne di nuove. Con una famiglia così grande, l'uomo voleva aumentare la produzione ed assicurarsi che ogni figlio ricevesse due botti di vino in eredità.

Domenicantonio era fiero dei propri figli, specialmente i tre maschi più grandi, che avevano già dimostrato la voglia di imparare le abitudini del paese che egli non aveva sempre apprezzato quando suo padre era ancora vivo.

"Papà sarebbe così contento", disse malinconicamente alla moglie. Donato, il secondogenito, era solerte ed abile con i numeri, mentre Francesco, il terzo, era sempre pronto a cantare o a dare una mano. Tuttavia, era il primogenito, Giustino, che lo inorgogliva oltremisura. Giustino aveva ereditato le migliori qualità dei nonni, la loro forza e spiritualità, senza la cocciutaggine dei suoi genitori.

E così, in una fredda e ventosa mattina di febbraio, il giovane Giustino uscì con il padre e si diresse verso la valle. Era contento che il genitore avesse scelto solo lui per accompagnarlo. Gli altri figli protestarono vigorosamente, ma Domenicantonio dichiarò con enfasi: "Non voglio distrazioni quando taglio gli alberi. Ho bisogno di qualcuno che mi aiuti sul serio", disse, dando un colpetto sul capo del primogenito. Venticinque uomini partirono su carri trainati da cavalli per tagliare alcune grandi querce.

Verso il tramonto, una folata di vento colpì un albero non completamente abbattuto e lo spinse nella direzione sbagliata. Mentre l'albero rotolava e rimbalzava, vari uomini lanciarono l'allarme, fuggendo dalla sua traiettoria. Il giovane Giustino, che al momento era accovacciato per bere da un ruscello, probabilmente non sentì le grida. L'albero lo schiacciò prima che potesse rendersi conto di cosa fosse successo.

Domenicantonio guardò terrorizzato, i suoi piedi piantati sul suolo. Fu l'angoscia della propria voce che lo spinse in avanti, come l'ululato di un lupo del Molise. Gli uomini lavorarono freneticamente per tagliare i rami che imprigionavano il ragazzo, mentre Domenicantonio sussurrava, "Tieni duro, Giustino. Sono qui. Ti tireremo fuori. Tieni duro. Tieni duro". Infine, Domenicantonio spostò le foglie, rivelando il dolce, giovane viso. Il ragazzo era pallido ed immobile.

Una volta liberato il figlio dal letto di foglie, Domenicantonio lo prese tra le braccia e lo portò in paese, a quattro chilometri di distanza, invocando tutti i santi affinché avessero pietà di lui. Mentre saliva il sagrato della chiesa, si sentì sicuro che Dio avrebbe salvato suo figlio. Aprì la porta e barcollò verso il corridoio centrale, verso la navata, mentre i suoi passi echeggiavano nel semibuio. Mentre entrava nel santuario, si fermò, si inchinò davanti al Cristo crocifisso e offrì la propria agonia al Signore. Delicatamente, posò Giustino sul grande altare di marmo sotto la figura reclinata di San Clemente, santo patrono di Torella, papa e martire. E in quel momento, vide ciò che si era rifiutato di credere.

Domenicantonio non poteva spiegare a Teresa ed a sua madre come l'albero fosse caduto o quanto tempo ci impiegarono gli uomini a liberare il ragazzo da sotto il suo peso. E non avrebbe potuto menzionare le sue suppliche a San Clemente o agli altri santi in paradiso. La sua unica offerta era il corpo spaccato del figlio teneramente posato sul tavolo della cucina.

Non era possibile comunicare con lui in quello stato di agonia. Teresa pianse con lui. Maria mormorò parole di conforto. Il sacerdote arrivò. Anche il nuovo bambino non poteva risollevare Domenicantonio dal profondo della sua disperazione. Il suo prezioso primogenito, battezzato con il nome di un padre che gli aveva causato così tanto dolore, morì all'età di 13 anni.

Poi, come se perdere un figlio non bastasse, l'animo della sua beneamata madre cominciò a spegnersi. Maria non si riprese mai dalla morte di Giustino. Nei tristi giorni che seguirono il funerale, era apparsa più stanca e stentava a camminare, finché una mattina Teresa andò in camera sua e trovò la suocera morta sul letto. Nessuno dubitò che fosse morta di crepacuore.

Domenicantonio si chiuse in sé stesso. Per due anni, non parlò con nessuno, non andò da nessuna parte – né in paese, né in chiesa, né nei campi. Dio gli aveva portato via il figlio per punirlo del suo egoismo, per avere anteposto la famiglia al sacerdozio. Teresa cercò di aprire un dialogo con lui, ma lui respinse le sue tenere attenzioni. La donna pianse per Giustino a modo suo, tenendosi occupata e accudendo gli altri figli. Nei momenti tranquilli, la sera tardi, la donna cominciò ad insinuare che la colpa della morte del ragazzino fosse del marito.

I mesi diventarono anni con una lentezza agonizzante. Domenicantonio tornò a lavorare, spesso uscendo prima dell'alba e tornando dopo il tramonto, mangiando da solo e parlando raramente. La sua famiglia aleggiava silenziosamente in sottofondo, lasciandolo stare, senza avanzare pretese su di lui. La gente di paese evitava la buia e triste casa della famiglia del prete.

Anche Teresa trovò ragioni per stare lontano. Sebbene potesse facilmente permettersi una donna che le lavasse le lenzuola, le piaceva recarsi tutti i giorni al pozzo, passando momenti allegri con le altre donne, chiacchierando sulla vita di paese che andava avanti. A volte si recava sui terreni da sola, parlando con i capisquadra, cercando di capire come veniva gestita la tenuta.

Domenicantonio, immerso negli interessi personali, non si accorse di nulla fino a quando Donato, il secondogenito, non lo avvicinò con titubanza. Per necessità, il ragazzo aveva sostituito il padre nella gestione della tenuta, pur non essendone all'altezza. Mentre il giovane si avvicinava al padre, la sua paura era palpabile. Nei suoi momenti più bui, Domenicantonio si era sfogato con i figli più di un volta nel corso degli anni, arrivando perfino a picchiare Teresa per la sua lingua acerba. Quando Domenicantonio si rese conto che il giovane davanti a lui si aspettava un litigio, si rese conto per la prima volta che Donato era diventato un uomo grosso e robusto. *Non è più un ragazzo. È un uomo. Non so se potrò farmi valere davanti a lui.*

"Papà, ho 22 anni. Lavoro da quando ero bambino. C'è una giovane donna in paese che voglio sposare ed ho bisogno della tua approvazione".

"Continua. Parlami di lei". Il ragazzo lo fece sorridere quando parlava di ciò che provava per la sua futura sposa. *Che peso che sono diventato. Non si tratta così la famiglia che ho dichiarato di amare così tanto. Hanno bisogno di me.*

Nel 1845, i due giovani si sposarono. Il matrimonio ricordò a molti la celebrazione fatta decenni prima quando il loro padrone era quasi diventato sacerdote.

Nel 1846, nacque il primogenito di Donato, che fu battezzato Giustino, il nome del fratello ucciso dall'albero caduto. Ed ora la storia comincia ad avvicinarsi alla mia epoca. Questo Giustino era il mio bisnonno, l'omonimo di mio padre. Giustino parlò col mio antenato prima della morte del vecchio "prete". Poi, quando Giustino era ormai anziano, raccontò al figlio, mio nonno, la storia prima che il mio bisnonno morisse nel 1914.

CAPITOLO SETTIMO
Dalla Gioia alla Rabbia

Teresa si stancò del continuo autolesionismo del marito, le sue grigie invettive contro Dio, ed i suoi lunghi periodi di silenzio. Qualsiasi tentativo di comunicare con lui veniva respinto. Dopo avere provato per anni, un giorno si arrese e si concentrò sulla propria vita.

Non c'era niente che Domenicantonio amasse di più che stare con il nipote omonimo del figlio scomparso, il figlio che mancava tanto al padre. L'innocenza del bimbo trafisse il suo mondo buio.

Passati i settant'anni, il patriarca cominciò a trovare le faccende di casa sempre più difficili. L'artrite aveva contorto le sue mani, e talvolta la schiena e le ginocchia dolevano tanto che era costretto a riposarsi a lungo prima di riprendersi. Beveva più vino del solito per alleviare il dolore. Eppure, quando inseguiva Giustino attorno alla fattoria o si nascondeva con lui nelle botti di vino, i dolori ed i mali scomparivano.

Poi Donato rideva e diceva alla moglie, "Guarda papà. Sembra un bambino".

"Fermalo, Donato. Altrimenti si farà male".

"Stai calmo, papà. Non vorrei che ti venisse un colpo".

In quei momenti, Donato ricordava com'era il padre prima della morte di suo fratello, un padre cui aveva voluto bene profondamente.

Mano nella mano, il nonno ed il bambino facevano lunghe passeggiate attraverso i campi ed in paese. Domenicantonio gli raccontava molte storie in cui narrava le gioie e le tragedie che aveva conosciuto da giovane. Insieme contarono i 73 gradini del sagrato della chiesa di San Nicola di Bari, e a volte entravano e parlavano con Dio.

"Cosa devo dirgli, Tatone?" il piccolo Giustino sussurrò al nonno.

"Shh, silenzio. C'è gente che sta pregando. Dio si arrabbierà se si fa troppo rumore in casa sua". Il bambino aggrottò le ciglia e mise la testa tra le mani.

Con il nipote al suo fianco, l'anziano pregò. "Caro Dio, ti prego di perdonarmi per i miei tanti peccati, specialmente la rabbia e l'odio che hanno avvelenato la mia vita. Ti prego di lasciar vivere mio nipote. Non ha fatto del male né a Te né a nessun altro. Ti prego di dargli salute e di proteggere gli altri miei figli e nipoti. Ora lo so perché hai preso il mio primogenito e imploro la Tua misericordia affinché io possa presto unirmi a lui in Tua presenza. Sono vecchio. Ti prego, Signore, di portarti con me e di permettere alla mia famiglia di vivere nella Tua gloria".

La tenuta continuò a prosperare. I figli di Domenicantonio e Teresa si trasferirono nei paesi vicini per mettere su famiglie proprie, e a loro volta portarono il nome 'La famiglia del prete'. Sembrava davvero che le preghiere del sacerdote fossero state esaudite.

Donato ora era impegnato a gestire la propria tenuta, vivendo nella casa circondata dai suoi terreni, la stessa casa che il padre gli aveva lasciato in eredità. Si fermava ogni tanto per rendere omaggio ai genitori. Nei grandi giorni di festa e durante i raccolti, vedeva il resto della famiglia, ma spesso il vecchio prete si trovava solo con la moglie. Il lavoro di Teresa in casa non finiva mai, ma l'anziano uomo aveva poche mansioni da svolgere e questo lo logorava.

"Perché non vengono più?" lamentava Domenicantonio.

"Sono occupati. È lontano. Piantala di lamentarti", Teresa rispondeva piccata.

"Troppo occupati per andare a trovare i genitori che gli hanno dato la vita?"

"Hai detto che volevi nipoti. Ora li hai. Ringrazia la sorte".

Nei primi anni del loro matrimonio, la differenza d'età di 13 anni sembrava insignificante. Ora, a 59 anni, Teresa appariva ancora giovane, contro i 72 anni del marito. Per molti versi, era ancora una donna energica ed attraente. Quando la famiglia si riuniva, era lei il centro dell'attenzione, mentre il vecchio sacerdote si sedeva in un angolo rimuginando i dolori passati, lasciandosi scappare poche stentate parole. Talvolta piangeva senza motivo oppure si dimenticava ciò che voleva dire. Altre volte, era loquace ed allegro un momento, poi improvvisamente diventava ansioso ed introverso. Cominciò ad infastidirsi per la forza dirompente di Teresa e tornò a comportarsi aspramente come una volta, evitandola e restando fuori casa tutto il giorno. Se lei gli chiedeva cosa faceva, lui rispondeva semplicemente dicendo: "Lavoravo". Ma la donna capiva subito che era una bugia.

Un tempo i due avevano conosciuto grandi passioni e gioie nel crescere una famiglia e lavorare sulla tenuta. Una tragedia avrebbe potuto riavvicinarli, invece li divise fatalmente. Teresa si stancò del continuo autolesionismo del marito, delle sue oscure farneticazioni contro Dio e dei suoi lunghi periodi di silenzio. Qualsiasi tentativo di raggiungerlo veniva respinto. Qualsiasi attenzione speciale veniva amaramente rigettata. Dopo avere provato per anni, la donna si arrese e si concentrò sulla propria vita. Si chiese, *Era così che sarebbero trascorsi gli ultimi anni della loro vita, schivi e vuoti?*

Un giorno, Domenicantonio vide la moglie parlare con uno dei capisquadra della tenuta mentre era fuori nei campi. Dapprima il marito non ci pensò molto. Infatti, si nascose dietro un cespuglio per fare i propri bisogni. Dopo, uscendo, notò quanto effettivamente vicini erano i due mentre parlottavano intensamente. Più tardi, Domenicantonio non disse nulla alla moglie quando ella rincasò. Decise invece di osservarla più attentamente senza farsi scoprire.

In quei giorni, era un delitto per una donna disonorare la propria famiglia con una relazione extraconiugale. In effetti, agli occhi della legge era comprensibile e giustificato per un marito uccidere la moglie adultera. In gioco c'era tanto l'onore del marito quanto quello della comunità intera.

Più pensava al comportamento di Teresa e più il suo sangue ribolliva. Come poteva tradirlo? Era la moglie di un ex prete! Quello che lui aveva visto sarebbe già bastato a convincere molti uomini ad agire, ma Domenicantonio esigeva una prova inconfutabile dell'infedeltà di Teresa. La sua opportunità giunse qualche giorno dopo. Teresa annunciò che sarebbe andata nei campi per raccogliere le verdure per la cena. Il marito mugolò distrattamente il suo assenso. Qualche momento dopo che la donna uscì, il marito la seguì ad una distanza di sicurezza. Le sue facoltà non erano acute in quei giorni e la sua vista era scarsa, ma sapeva che quella non era la strada per i campi!

Il sospetto cominciò ad offuscargli la mente già confusa. L'uomo osservò attentamente le mosse della moglie, analizzando ogni sua parola in cerca di significati nascosti. Con il passare delle settimane, i suoi sospetti crebbero. Di lì a poco seguì un altro preannunciato viaggio nei campi. Ancora una volta, l'uomo la seguì ed ancora una volta la donna prese la stessa strada. *Che diavolo stava succedendo?* Al viaggio seguente, l'uomo le si avvicinò maggiormente, nascondendosi dietro un boschetto. La donna davanti ai suoi occhi era sicuramente Teresa e non c'era dubbio che stesse abbracciando il caposquadra.

Il suo corpo fu scosso dalla rabbia, seguita a ruota dall'incredulità e dall'incertezza. *Nessuna donna d'onore tocca un altro uomo. E la religione? Teresa non può sicuramente avere una relazione con un altro. Sarebbe una vergogna, un'onta per tutta la famiglia.* Ma sapeva anche quanto focosa fosse sempre stata la moglie, seppure il loro letto fosse da tempo freddo. Domenicantonio dubitava che la moglie potesse resistere alla tentazione di un uomo giovane ed affettuoso.

L'uomo guardò, terrorizzato, mentre la moglie beveva da un fiasco di vino per poi porgerlo sulle labbra dell'altro uomo. In quel momento, il suo respiro esplose come se avesse subìto un pugno sullo stomaco. Questo atto intimo era un preludio per qualcosa di indicibile!

Il suo cuore martellava, alimentato da puro odio. Si immaginava di conficcare una forca nel petto dell'uomo sotto gli occhi di Teresa.

Il quinto comandamento, *Non uccidere*, ed il sesto comandamento, *Non commettere adulterio*, lo paralizzavano. Cadde debolmente in ginocchio. Incapace di camminare, si trascinò nei cespugli e pianse. *Ancora una volta, Dio, mi togli la vita?*

Per giorni, vacillò fra la rabbia e la confusione. *Perché mi stai punendo di nuovo? Mi dài un nipote e mi porti via la moglie? Lo fai perché ho lasciato la Tua chiesa? Io ho abbandonato la tua famiglia, quindi Tu mi porti via la mia? È così che fai?*

Ma la sua rabbia durò poco. Troppo vecchio e troppo stanco, ormai non gliene importava più nulla. "Fa ciò che vuoi", ripeté. "Io sono un uomo vecchio. Sarà pure vero che ho abbandonato mio padre e la chiesa. D'accordo! Allora puniscimi come vuoi. Solo, non punire i miei figli e nipoti".

Almeno ora conosceva la verità. E la verità era che questa relazione sarebbe stata un'onta per tutta la stirpe, una macchia sulla reputazione della famiglia del prete. Ma era giusto biasimare la moglie? Era stato un buon marito in questi anni?

Pensò di confrontarsi con la moglie. Perlopiù, tuttavia, i suoi pensieri sgangherati gli carambolavano disordinatamente in testa e gli impedivano di seguire un pensiero chiaro. Poi fu Teresa stessa a proporre una soluzione: un'altra uscita di casa ed un'altra opportunità per accertarsi che i suoi occhi non l'avessero ingannato. La seguì e, ancora una volta, la vide abbracciare il caposquadra. Questo non era un incubo. Era la crudele verità e richiedeva una crudele risposta: ammazzarli entrambi.

L'indecisione lo immobilizzò. Era un ex prete, un uomo di Dio, non un assassino. Cosa poteva fare? Sperare che i due si comportassero con discrezione? Fare finta di niente e rischiare l'onore della famiglia qualora la relazione fosse venuta alla luce? Affrontare Teresa avrebbe solo peggiorato le cose. I due amanti si sarebbero comunque rivisti. Ci doveva essere un modo per mettere fine diplomaticamente alla situazione. Avrebbe fatto il possibile per risolvere il dilemma e conservare il rispetto per la famiglia del prete.

Un ventoso pomeriggio di novembre, l'ex prete e la moglie furono sorpresi da un assordante tuono, seguito da feroci lampi e torrenti di pioggia. Nessuno sarebbe mai uscito in una notte come questa. Teresa si avvicinò al camino, aggiunse qualche tronco in più al focolare, e cominciò a cucinare. L'acqua bollì rapidamente nella pentola di rame, pronta per le patate. Tutto sembrava così calmo, come al solito.

Domenicantonio era impegnato a smontare qualche vecchia sedia. "Cosa stai facendo?" gridò Teresa.

"Senti. Queste sedie si stanno sfasciando. Devono essere aggiustate". L'uomo mise un'estremità del *palete*, una lunga asta di metallo, nel fuoco. Una volta caldo, lo usava per bruciare dei fori nelle gambe della sedia, in modo da poterli rinforzare con supporti orizzontali, un lavoro che aveva fatto molte volte prima. Per bruciare correttamente dei fori nella sedia, il metallo del palete doveva essere rovente.

Domenicantonio soffiò sullo *scisciaturo* per alimentare le fiamme sul camino. Tenendo la prima sedia fra le ginocchia, conficcò il metallo caldo nella gamba. In un batter d'occhio, il fumo riempì la stanza. Gli girava la testa. Il sudore gli colava dal volto.

Teresa si chinò sul fuoco, pizzicando le patate per vedere se erano cotte. Guardando dietro di sé chiese al marito, "Cosa stai facendo?"

In quello stesso momento, Domenicantonio era dietro di lei. Le sollevò la gonna e infilò il ferro rovente dentro il suo corpo. Con la stessa rapidità, lo estrasse. La donna gridò a squarciagola e cadde, boccheggiante, agitandosi incontrollabilmente. Le sue labbra erano diventate blu.

Il vecchio chiuse gli occhi, incredulo. Quando li riaprì, la donna era ancora là. L'odore di carne bruciata era il suo.

Domenicantonio si inginocchiò a fianco a lei. Lei gli strinse forte la mano. Non riusciva a smettere di tremare. Gli occhi della donna gli dissero che non sapevano cosa fosse successo.

"Don. Padre", rantolò la donna. "Ti prego. Benedicimi prima che io vada da nostro figlio".

Le lacrime di Domenicantonio si mescolarono a quelle della donna mentre l'uomo recitava la preghiera per i morti. "Mi dispiace molto, Teresa".

Con un ultimo rantolo ed un sussulto, Teresa se ne andò. Teneramente, Domenicantonio prese delle ceneri dal focolare e con il pollice tracciò il segno della croce sulla sua fronte. Per grazia di Dio, i peccati della donna furono perdonati.

CAPITOLO OTTAVO
Ed Ora

Nelle giornate di sole, l'uomo passeggiava in paese, andava a messa o si sedeva in piazza con gli altri anziani. Le sue frequenti conversazioni con Dio si semplificarono nel tempo senonché un giorno Domenicantonio gli chiese finalmente perdono.

Domenicantonio rimase a lungo con la moglie prima di incamminarsi sotto la tempesta in cerca di aiuto. I vicini accorsero immediatamente. La gente era sicura che la donna fosse morta di crepacuore. Nessuno rilevò alcun segno sul suo corpo. Quando la seppellirono, Teresa era la degna moglie di un rispettabile ex sacerdote.

Il vecchio continuò a vivere nella casa, sommerso dai ricordi. Una donna del paese, assunta per venire tutti i giorni a portargli da mangiare, spazzava per terra e gli lavava i panni sporchi. Ogni tanto, uno dei suoi figli o nipoti andavano a trovarlo. Nelle giornate di sole, si recava in paese, andava a messa o si sedeva in piazza con gli altri anziani.

Un giorno, o per confusione o per senso di colpa, disse a Giustino di essere stato lui a causare la morte di Nonna Teresa. "È assurdo, nonno!" disse il nipote. Sapeva che il nonno spesso si confondeva, ma questa dichiarazione pareva troppo anche per lui.

Eppure, con ogni visita emergevano sempre più dettagli delle gesta dell'anziano, dettagli che lasciavano Giustino esterrefatto. Spesso, Domenicantonio piangeva inconsolabilmente. Le sue lacrime rendevano la storia più verosimile, tanto che Giustino cominciò a pensare che forse era vera. Ad un certo punto, il vecchio sacerdote raccontò tutta la storia al nipote.

Negli ultimi mesi della sua vita, le sue frequenti conversazioni con Dio si semplificarono nel tempo senonché un giorno Domenicantonio gli chiese finalmente perdono. In punto di morte, sembrava finalmente sereno.

Ma la storia non finisce qui. Quando Giustino e la moglie ebbero figli, il primo lo chiamarono Donato, come il padre di Giustino. Il secondo figlio, nato nel 1885, portò il nome del bisnonno, il sacerdote, Domenicantonio. Quel Domenicantonio era il mio beneamato nonno. Prima che mio nonno morisse nel 1962, mi raccontò ciò che suo padre gli aveva riferito prima di morire. Nella versione di mio nonno, la storia si fermava sempre prima del terribile momento fatale. Fu mio padre, mentre aggiustava una sedia, a rivelarne il finale. Era venuto a trovarci in Italia dopo cinque anni in Canada e voleva restare, ma quando vide quanto poco era cambiato a Torella, capì che doveva portarci tutti a Toronto.

All'epoca, la storia sembrava terribile ma intrigante. Tuttavia, io ero solo un bimbo immigrato in balìa di un'emozione inimmaginabile e non ci pensai molto. Ero più interessato ad esplorare le opportunità che la mia nuova vita mi presentava. Adesso che sono passati tanti anni, la mia esperienza alimenta il mio impegno di far sì che la storia dei miei antenati non si perda nel tempo. Sento che è mio dovere, il mio contributo al mio retaggio, dare vita alla storia della famiglia del prete, non solo per il bene della mia famiglia e per i torellesi, ma perché lo sappia tutto il mondo.

La famiglia Meffe ha continuato a crescere. I fratelli delle future generazioni hanno avuto grandi famiglie proprie. Oggi, la Famiglia del Prete conta molte centinaia di persone. Pochi sono rimasti in Molise. La maggior parte è immigrata in Canada, negli Usa, in Argentina, Inghilterra e Belgio, e con la distanza ed il tempo, la storia del prete è svanita. Questo mi ha motivato a cercare la verità nei ricordi dei membri più anziani della nostra famiglia prima che morissero. Ciò che presento è ciò che sono riuscito a stabilire ed è questo che

La Famiglia del Prete

tramando ai miei figli. Potrebbero essere troppo giovani per curarsene, e questo potrebbe o meno cambiare quando raggiungeranno la mia età. Ad ogni modo, ho mantenuto la promessa del mio cuore e so che posso vivere il resto della mia vita nella certezza che la storia di questa grande famiglia continuerà.

Perché condividerla, 200 anni dopo lo svolgersi dei fatti? Qualcuno in famiglia sarà choccato dalla sua brutalità e preferirebbe che fosse dimenticata. Indubbiamente, si arrabbieranno con me per averla pubblicata. Tuttavia, questa non è solo la storia di un omicidio. Questa è la storia di una lotta spirituale, di traguardi raggiunti in un'epoca in cui la maggior parte degli italiani di campagna si occupava di poco, a parte le necessità della vita. Una storia che va accolta, non sepolta. Accettando la gloria del passato siamo obbligati a riconoscerne il suo coraggio; altrimenti ci inganniamo e navighiamo solo nelle mezze verità.

Non sono orgoglioso delle peggiori gesta dei miei antenati, ma sono fiero di quelle migliori. Nessuno di noi è senza macchia. I loro peccati non sono i miei. Dobbiamo accettare il buono con il cattivo e alla fine, capire pienamente cosa significhi essere la famiglia del prete.

La Chiesa di San Nicola di Bari, Torella

Ringraziamenti

MOLTE persone lungo questo cammino mi hanno aiutato a realizzare questo progetto. Oltre ai miei parenti già citati, vorrei ringraziare la scrittrice Deborah Verginella ed il poeta Pier Giorgio Di Cicco, ex *Poet Laureate* di Toronto, per i loro preziosi commenti sulle diverse stesure. Marc Lerman, Direttore degli Archivi dell'Arcidiocesi di Toronto, mi ha fornito preziose informazioni sull'abbigliamento clericale del 19mo secolo.

La mia ghostwriter, Bernadette Hardaker, ha trovato il libro di Mary Melfi, Italy Revisited: Conversations with My Mother, pubblicato nel 2009. Un libro molto utile, come anche il sito che porta lo stesso nome. Molti dei riferimenti ai cibi ed alle tradizioni provengono da

~ *Ringraziamenti* ~

questo sito. Il sito contiene anche un'ottima selezione di fotografie ed opere d'arte che evocano il periodo storico trattato dal libro. <u>Peasant Art in Italy</u>, editato da John Groves e pubblicato nel 1913, contiene dei riferimenti utili ad usi e costumi. Il libro di Carlo Levi, <u>Cristo si è fermato ad Eboli</u>, pubblicato nel 1949, è stato molto utile ed è la fonte della storia del postino di Grassano. Per vedere Torella oggi, cliccare su *www.torelladelsannio.blog.tiscali.it*.

Infine, ma più importante di tutti, devo ringraziare mia moglie Carmela, anche lei cresciuta a Torella. Come donna capisce bene cosa voleva dire uscire dalle convenzioni sociali dell'epoca. Per 10 anni, in seguito alla morte di mio padre, ho conservato un fascicolo contenente frammenti della mia storia. Nel novembre del 2002, durante un viaggio di 25 ore in macchina verso la Florida, raccontai a Carmela tutta la storia per la prima volta. Carmela prese appunti ed è da quegli appunti che partì questo progetto. Senza il suo continuo sostegno ed incoraggiamento, questo libro non sarebbe mai stato completato.

www.ingramcontent.com/pod-product-compliance
Lightning Source LLC
Chambersburg PA
CBHW031425290426
44110CB00011B/522